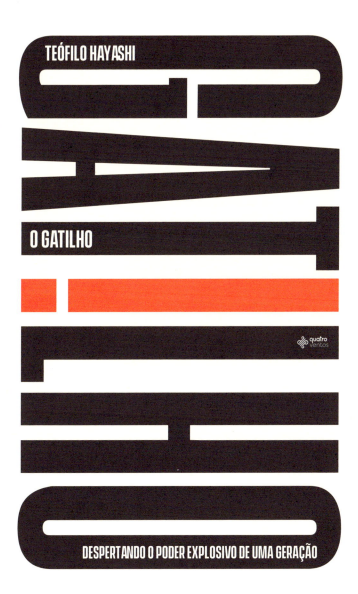

Todos os direitos deste livro são reservados pela Editora Quatro Ventos.

Editora Quatro Ventos
Avenida Pirajussara, 5171
(11) 99232-4832

Proibida a reprodução por quaisquer meios, salvo em breves citações, com indicação da fonte.

Diretor executivo:
Raphael T. L. Koga

Gestão editorial:
Hanna Pedroza Carísio
Natália Ramos de Oliveira

Todas as citações bíblicas e de terceiros foram adaptadas segundo o Acordo Ortográfico da Língua Portuguesa, assinado em 1990, em vigor desde janeiro de 2009.

Editora responsável:
Hanna Pedroza Carísio

Todo o conteúdo aqui publicado é de inteira responsabilidade da autor.

Revisoras:
Eduarda Seixas
Giovana M. de Araújo
Josiane Anjos
Natália Ramos de Oliveira

Todas as citações bíblicas foram extraídas da Nova Almeida Atualizada, salvo indicação em contrário.

Diagramação: Rebeca R. C. Gobor
Capa: Vinícius Lira

Citações extraídas do site *https://bibliaonline.com.br/naa*. Acesso em outubro de 2024.

1ª edição: novembro 2024
3ª reimpressão: maio 2025
4ª reimpressão: junho 2025

Catalogação na publicação
Elaborada por Bibliotecária Janaina Ramos – CRB-8/9166

H413g

Hayashi, Teófilo

O gatilho: despertando o poder explosivo de uma geração / Teófilo Hayashi. – São Paulo: Quatro Ventos, 2024.

256 p.; 14 X 21 cm

ISBN 978-85-54167-71-4

1. Reavivamentos - História. I. Hayashi, Teófilo. II. Título.

CDD 277.3

Índice para catálogo sistemático

I. Reavivamentos - História

INTRODUÇÃO	**11**
PARTE 1 - O START	**17**
1. Legado ou lacuna?	18
2. Efeito dominó	41
3. O poder de uma decisão	63
PARTE 2 - COMBUSTÃO	**81**
4. Para onde estamos indo?	82
5. A colheita está pronta!	107
6. De dentro para fora	133
PARTE 3 - EXPLOSÃO	**163**
7. Líderes do futuro	164
8. Janelas de oportunidade	183
9. Dentro de um trem-bala	209
CONCLUSÃO	**227**
NOTAS	**239**

À minha mãe, Sarah Hayashi.

AGRADECIMENTOS

Sou profundamente grato pela bondade e fidelidade do meu Senhor Jesus Cristo, que, mesmo em um ano repleto de emoções, transições, perdas e ganhos, sempre manteve Sua poderosa mão presente e constante em minha vida. Nos vales desérticos, nas noites escuras e no topo da montanha, contemplando o nascer de um novo dia, eu O encontro. A Sua Graça verdadeiramente se revela em nossa fraqueza.

Muito obrigado à minha amada esposa, Junia, que, de maneira sacrificial, se dedica incansavelmente a mim e aos nossos quatro filhos. Eu te amo até o fim.

Agradeço também à equipe da Editora Quatro Ventos, em especial ao Raphael Koga, por sua visão e direção, e à Hanna Pedroza, por assistência e destreza na edição deste livro. Juntos, somos mais fortes.

Minha eterna gratidão à liderança do Dunamis Movement, aos pastores da Zion Church e a todos os membros que fazem parte da nossa comunidade de fé. É uma honra viver e expandir o Evangelho do Reino ao lado de vocês.

INTRODUÇÃO

Quando se pensa em escrever um livro, há uma expectativa implícita que poucos têm coragem de admitir: se deseja ser lido. Mesmo aqueles que afirmam que a audiência não é uma preocupação, no fundo, anseiam que suas palavras alcancem alguém, porque, afinal, um livro que não é lido falha em cumprir sua razão de existir.

Os livros, muito além da simples soma de suas páginas e encadernações, são veículos de ideias que moldam e transformam nossas percepções e vidas há séculos. A crítica literária contemporânea, ao contrário das noções comuns, oferece uma visão intrigante: uma vez que um livro é lançado ao mundo, o autor, em certo sentido, desaparece da cena. O que permanece não é a presença do escritor, mas a força da mensagem contida na obra. Isso me recorda uma conversa com um amigo, que me contou como um livro escrito por um pastor — que, lamentavelmente, se afastou da fé — teve um impacto profundo em sua vida. A ironia fascinante é que o poder daquela obra não foi diminuído pelas falhas pessoais do autor.

Embora não pretenda me aprofundar nos méritos da crítica literária, uma coisa é certa: a Palavra de Deus é viva e transcende a fragilidade humana. Quando falamos sobre ela, estamos lidando com algo eterno e imutável. A mensagem permanece, intacta e poderosa, independentemente das circunstâncias do portador. Diante disso, mesmo que não seja comum para um autor assumir que anseia que sua obra seja amplamente disseminada, devo ser sincero: o meu desejo é que este livro alcance o maior número possível de leitores. Não porque eu confie em minha capacidade de eloquência ou qualquer coisa do gênero, mas porque acredito na força inabalável da Palavra de Deus, que sustenta cada linha escrita aqui.

> **A PALAVRA DE DEUS É VIVA E TRANSCENDE A FRAGILIDADE HUMANA.**

O livro que está em suas mãos surgiu de uma inquietação profunda e de um senso de urgência que tem me acompanhado por muito tempo e que recentemente se intensificou. Neste ano, minha esposa e eu novamente organizamos o "Parlatório Brasil", um fórum que reúne líderes cristãos influentes para refletir sobre o estado atual da Igreja e buscar orientações para o futuro. Durante o evento, diversas questões foram levantadas, mas uma delas tocou profundamente meu coração: segundo uma pesquisa do Instituto Brasileiro de Geografia e Estatística (IBGE), o Brasil poderá se tornar uma nação majoritariamente evangélica até 2032.

A princípio, essa previsão soa como uma vitória. Mas, ao examinarmos mais de perto, surge uma realidade perturbadora. De acordo com uma pesquisa realizada pelo Datafolha em 2022, em cidades como São Paulo e Rio de Janeiro, muitos jovens entre 16 e 24 anos que cresceram em lares cristãos agora se declaram sem fé. Como podemos compreender essa desconexão em meio a um crescimento tão significativo, que atinge 30% em São Paulo e 34% no Rio de Janeiro?

Esse paradoxo não é novidade. Grandes avivamentos na história muitas vezes precederam períodos de declínio espiritual. A Europa, berço da Reforma Protestante, agora enfrenta um processo de descristianização; ao mesmo tempo, regiões como a América Latina, África e Ásia experimentam um crescimento cristão notável, mesmo quando confrontadas com adversidades. Contudo, é inegável que as marés mudam, e o que antes se erguia como uma poderosa onda de fé pode eventualmente se transformar em um mar de religiosidade estagnada e esfriamento espiritual.

O Brasil, neste exato momento, encontra-se em um ponto de inflexão, em que, ao vislumbrar a possibilidade de se tornar uma nação majoritariamente evangélica, somos confrontados com uma pergunta inquietante: será que isso nos conduzirá a um avivamento genuíno, ou estaremos apenas à beira de um declínio espiritual? Estamos, na mesma medida em que experimentamos crescimento, testemunhando o surgimento de um Brasil pós-cristão? Será que seremos testemunhas de algo grandioso ou de um colapso futuro?

> **ACREDITO NA FORÇA INABALÁVEL DA PALAVRA DE DEUS, QUE SUSTENTA CADA LINHA ESCRITA AQUI.**

Essa questão, que reverbera além das fronteiras do Brasil, assume uma importância crescente em um mundo que desafia cada vez mais os valores cristãos, exigindo uma resposta que não se baseie nos números, mas sim na capacidade de aproveitar as oportunidades apresentadas pelo Espírito Santo, agindo com coragem e rompendo as barreiras de nossa zona de conforto.

O que está em jogo não é apenas a expansão da Igreja, mas a essência da fé que a sustenta. Se não estivermos dispostos a nos desafiar, a enfrentar o desconforto e a agir com os recursos que já temos, o mesmo crescimento que nos enche de esperança pode se tornar o ritmo do nosso afastamento da verdadeira fé.

Será que estamos dispostos a abrir nossos corações ao Espírito Santo, permitindo que Ele acenda em nós um fogo genuíno? Não com artifícios humanos, mas com uma ação autêntica do Espírito que toque uma nova geração? Minha geração foi tocada pelo fogo do avivamento, e eu clamo para que as gerações que vêm atrás de nós experimentem um mover global d'Ele, aquecendo seus corações com uma experiência real com o Senhor.

Por isso eu desejo que este livro seja lido — e não apenas lido, mas que estas palavras desencadeiem uma transformação profunda em quem está lendo, porque o que está sendo proposto aqui não é apenas uma viagem aos avivamentos que já moldaram a história ou uma reflexão sobre o estado da Igreja, seja no Brasil ou no mundo; estou propondo um desafio. Portanto, encare *O gatilho* como convite para enfrentar a inércia, pois nós devemos a essa geração encontros com a presença viva de Deus.

> ENCARE *O GATILHO* COMO CONVITE PARA ENFRENTAR A INÉRCIA.

Ao decidir seguir para a próxima página, saiba que a pergunta que você precisará responder ao final desta leitura não será **se** você pode fazer alguma coisa para mudar uma geração, mas **quando** você começará a agir.

O START

PARTE 1

CAPÍTULO 1

LEGADO OU LACUNA?

CAPÍTULO 1

Embora a modernidade tenha reduzido a relevância do ato de compartilhar refeições em nosso cotidiano, essa prática mantém um valor significativo no imaginário coletivo. Historicamente, a mesa transcende sua mera função utilitária, adquirindo uma dimensão quase sagrada. Na tradição judaica, por exemplo, ela é frequentemente comparada a um altar, configurando-se como o epicentro das reuniões familiares e um espaço de conexão entre o divino e o humano. Nesse contexto, a escolha das pessoas com as quais optamos por compartilhar momentos à mesa deve ser feita com a devida consideração e cuidado.

Os judeus, no *shabbath*[1] — ao cair da noite de sexta-feira, quando as primeiras estrelas começam a brilhar no céu —, preparam a mesa cuidadosamente para a comunhão; para eles, isso é particularmente especial para a reconexão com suas raízes, valores e relacionamentos. Ao redor da mesa, os presentes se unem em oração, contam histórias e compartilham suas reflexões sobre o Senhor, fortalecendo, assim, seus vínculos. É comum, ainda, que amigos e vizinhos sejam convidados a se juntar à refeição, refletindo a essência da comunidade judaica, que tem a generosidade e a hospitalidade como pilares fundamentais. Ao final do dia, quando o *shabbath* se encerra, a mesa se torna um lugar de testemunho das bênçãos, das tradições e das conexões fortalecidas.

Em muitas outras culturas ao redor do mundo, a mesa também é um espaço reservado para cerimônias significativas, sendo reconhecida como o *locus*

O GATILHO

onde tradições são transmitidas de geração em geração. Para nós, cristãos, a mesa assume um significado profundamente precioso: ela evoca a Última Ceia; assim, transcende a mera ocasião de refeição, simbolizando a comunhão e o amor incondicional de Jesus, que nos proporciona cura, restauração e libertação.

Ao refletir sobre minha própria trajetória, percebi que, desde a juventude, tive o privilégio de compartilhar a mesa com indivíduos que admiro profundamente — muitos, aliás, foram profetas de Deus em momentos decisivos de minha vida. Essas experiências não apenas enriqueceram minha compreensão acerca de minha identidade no Senhor, mas também serviram como veículos para a revelação dos planos que Ele traçou para mim.

Durante o processo de escrita deste livro, não pude deixar de revisitar essas memórias, reavivando em minha mente os momentos em que estive ao redor de mesas em diversas partes do mundo, onde fui espiritualmente nutrido pelo Pai por meio de Seus filhos extraordinários. Ao considerar o legado que me foi conferido, não poderia iniciar este texto de outra maneira; afinal, sou fruto da vida de oração e da devoção de muitos, e tudo o que aqui se desdobra reflete essa rica e transformadora herança que carrego comigo.

O HOMEM DO CÉU

Uma dessas experiências eu vivi anos atrás, durante uma conferência em Amsterdã. Enquanto me preparava

CAPÍTULO 1

para deixar o local do evento em busca de um restaurante para jantar, ouvi uma voz familiar chamar pelo meu nome; ao olhar para trás, rapidamente reconheci a figura: era Isaac Liu, um amigo chinês. Naquele momento, ele me informou que seu pai, o renomado irmão Yun, desejava unir-se a nós para o jantar. Confesso ter ficado bastante surpreso ao descobrir que o homem do Céu[2] queria jantar comigo, e, para minha alegria, Isaac revelou que seu pai não só queria ter um tempo de mesa conosco, mas também havia reservado o melhor restaurante chinês da cidade para isso. Sentindo-me muito honrado, aceitei o convite sem hesitar.

O irmão Yun nasceu em 1958, na província de Henan, na China, e teve um encontro transformador com Jesus após a cura milagrosa de seu pai, que lutava contra o câncer. Ele consagrou sua vida ao Senhor e se dedicou a servi-lO com fervor, tornando-se, anos depois, um dos proeminentes líderes da igreja doméstica na China. A sua trajetória foi marcada por perseguições severas; em meio à opressão imposta pelo regime comunista, liderado por Mao Tsé Tung, ele foi preso inúmeras vezes e submetido a torturas por compartilhar sua fé em Cristo.[3]

Uma das histórias mais fascinantes de Yun aconteceu logo após sua conversão, momento em que ansiava ardentemente por uma Bíblia. Ele nunca tivera a oportunidade de sequer vislumbrar o Livro Sagrado, pois a posse era considerada crime em seu país; assim, seu conhecimento sobre as Escrituras era inexistente, e sua

O GATILHO

mãe, igualmente sem contato com a Palavra, guiava-se apenas pela revelação do Espírito Santo. Então, desesperado, Yun mergulhou em fervorosas orações e longos períodos de jejum — tão intensa era sua entrega que seus pais temiam por sua sanidade.

Após três meses de incessantes súplicas, certa madrugada, enquanto se dedicava à oração, Yun teve uma visão extraordinária. Nessa visão, ele subia uma colina íngreme, esforçando-se arduamente para empurrar um pesado carrinho. A jornada era exaustiva, quando, subitamente, avistou três homens descendo a colina em sua direção; um deles conduzia um carrinho repleto de pães. Ao se aproximarem, perguntaram-lhe se estava com fome e se desejava alguns pães. Aquelas palavras tocaram profundamente o coração de Yun, fazendo com que lágrimas brotassem de seus olhos, pois, naquele momento, sua família vivia em extrema pobreza. Devido à grave doença de seu pai, haviam perdido tudo e dependiam exclusivamente da generosidade dos outros para sobreviver. Na visão, ao receber o pacote, uma Bíblia apareceu em suas mãos.[4]

Ao despertar e perceber que fora apenas um sonho, Yun foi novamente tomado por uma onda de lágrimas — dessa vez, reais. Seu pai, ao vê-lo, clamou ao Senhor por misericórdia ao seu filho, implorando que Ele não permitisse o enlouquecimento de Yun. No mesmo instante, a família ouviu alguém bater à porta, chamando pelo garoto. Ele correu, ansioso, e, ao abrir, encontrou um homem, o qual lhe ofereceu um banquete. Yun

CAPÍTULO 1

o reconheceu imediatamente; era a mesma pessoa de sua visão. Mais tarde, descobriu que se tratava de um servo do Senhor, o qual havia recebido uma orientação divina para entregar uma Bíblia a um jovem de uma vila distante.

Diante da iminente ameaça à sua vida, caso fosse flagrado com a Bíblia, o irmão Yun decidiu decorá-la. Com notável agilidade, memorizou o Novo Testamento. Aos dezesseis anos, Deus, de forma clara e direta, começou a guiá-lo a diversos locais para proclamar o Evangelho. Em uma manhã, enquanto se dedicava à oração e à memorização do livro de Atos, um desconhecido apareceu, dizendo a ele que havia recebido a missão de levá-lo ao oeste, até a Vila Gao, para que compartilhasse a Palavra de Deus, e que os irmãos já estavam, há três dias, em jejum e oração por essa causa. Assim, Yun prontamente se dirigiu ao local, onde teve sua primeira experiência como "criminoso" ao proclamar o nome de Jesus.

O irmão Yun é uma grande inspiração e a sua influência no avanço do cristianismo na China é absolutamente significativa. Sua vida e testemunho incentivaram muitos a se manterem firmes na fé, mesmo diante de grandes riscos. Ele se tornou uma voz importante para a Igreja perseguida, alertando o mundo sobre as dificuldades que os cristãos enfrentavam na nação chinesa e promovendo um senso de solidariedade global. Atualmente, estima-se que haja entre 95 e 100 milhões de cristãos na China[5], embora os números possam variar devido à natureza clandestina de muitas congregações e à repressão do governo.

O GATILHO

A nação tem experimentado um rápido crescimento do cristianismo nas últimas décadas, especialmente nas áreas rurais e em comunidades urbanas.

Por essas e tantas outras razões, durante o trajeto até o nosso encontro, meu coração se encheu de um profundo temor reverencial a Deus pela oportunidade de me sentar com alguém tão impressionante. Ao chegarmos ao restaurante e trocarmos cumprimentos, ele mencionou que seu pastor, Dennis Balcombe, estava a caminho para se juntar a nós. Mal conseguia acreditar no que estava acontecendo; afinal, assim como Yun, Balcombe era uma figura lendária da Igreja perseguida na China.

Nascido em 1945, na Califórnia, Balcombe cresceu em uma igreja metodista tradicional, onde recebeu seus primeiros ensinamentos de fé. Aos 16 anos, porém, experimentou um encontro profundo e transformador com o Espírito Santo, que culminou no chamado divino para a pregação. Em suas orações, questionou a Deus sobre qual seria seu destino. Foi então que, em seu espírito, sentiu a clara direção de que sua missão seria na China. No entanto, em 1977, o país permanecia fechado sob o rígido controle do Partido Comunista. Impedido de entrar na China, Balcombe serviu como soldado no Vietnã, onde, paralelamente, pregava a Palavra. Em uma ocasião, enquanto estava de férias em Hong Kong, um profeta o direcionou a fundar uma igreja na China, profetizando que as fronteiras em breve se abririam. Atendendo a essa orientação, Balcombe deu início ao ministério para o qual fora designado, levando Bíblias

CAPÍTULO 1

aos cristãos e contribuindo para a restauração da pregação da Palavra de Deus em meio à devastação espiritual causada pela Revolução Cultural[6].[7]

Era com essas duas figuras de extraordinária influência que eu teria a oportunidade ímpar de compartilhar uma refeição naquela noite. No interior do restaurante, acomodamo-nos em uma mesa giratória repleta de iguarias da culinária chinesa. No entanto, percebi que Yun não se servia, por isso, perguntei-lhe se não comeria conosco, ao que me respondeu dizendo estar de jejum. À medida que a bancada girava, ao observar a comida passando diante de Yun, que resistia aos aromas tentadores, sentia-me constrangido — há 17 anos, ele abdicava de seu jantar. Eu logo entendi que, naquela mesa, o que me nutria, na verdade, era a paixão pelo Evangelho e a sabedoria que Balcombe e Yun compartilhavam.

Aquilo que, à primeira vista, parecia ser apenas uma simples refeição compartilhada, revelou-se uma verdadeira *masterclass* sobre a essência da vida eclesiástica. Fui inundado por preciosos ensinamentos acerca do poder transformador da hospitalidade como um ato de discipulado. Ao deixar aquele jantar, as palavras de Hebreus 13.2 ecoavam persistentemente em minha mente: "Não se esqueçam da hospitalidade, pois alguns, praticando-a, sem o saber acolheram anjos". A ideia de que a hospitalidade pode carregar em si surpresas divinas cativou profundamente o meu espírito, suscitando uma nova apreciação por esse gesto tão simples e, ao mesmo tempo, tão cheio de significado espiritual.

O GATILHO

Naquele encontro, fui tomado por uma profunda gratidão ao Senhor, e, nos dias subsequentes, memórias de minha infância afloraram, especialmente aquelas em que minha mãe acolhia pastores em nossa casa. Só agora percebo como essas experiências, que na época me escapavam em sua totalidade, moldaram minha vida de maneiras profundas e duradouras. A verdade é que a nossa disposição para receber e nos sentar à mesa com outros pode gerar frutos que reverberam por gerações. Isso ocorre porque a hospitalidade cria um espaço propício para a *koinonia*[8] — a autêntica comunhão bíblica, que transcende as limitações do tempo e do espaço. É essa atitude que Cristo espera de nós, um chamado para sermos transformados em agentes de bênçãos. O convite de Jesus é claro: uma ação que não apenas acolhe o outro, mas que nos transforma, alinhando-nos ao Seu propósito eterno.

Em um breve momento à mesa com figuras tão impressionantes, fui nutrido pelos frutos poderosos de um legado construído com sangue, suor e lágrimas. Essa experiência, inevitavelmente, levou-me a reavaliar minha entrega ao Senhor e reafirmou em mim uma lição que transformou minha vida e que continuo a transmitir a meus filhos e liderados: ao acolhermos uns aos outros e nos reunirmos à mesa, abrimos portas espirituais para a manifestação surpreendente de Deus em nosso meio.

A VERDADE É QUE A NOSSA **DISPOSIÇÃO** PARA RECEBER E NOS SENTAR À MESA COM OUTROS PODE GERAR FRUTOS QUE REVERBERAM POR **GERAÇÕES**.

O GATILHO

"VOCÊ É O FUTURO DO MOVIMENTO MISSIONÁRIO"

Logo após concluir o ensino médio, tive o privilégio inigualável de partilhar momentos à mesa com uma das figuras mais proeminentes da Igreja global durante uma escola de missões no Havaí: Loren Cunningham, pastor e fundador da JOCUM (Jovens com uma missão).

Em meio a um mundo saturado de informações e vozes dissonantes, a trajetória de Cunningham se ergue como um farol de clareza e propósito. Ele não apenas recebeu uma visão; ele se posicionou diante dela com convicção, transformando-a em um movimento global que moldou o futuro de incontáveis vidas. Desde sua criação em 1960, a JOCUM expandiu-se para quase 200 países, enviando milhões de jovens às nações em missões — um testemunho eloquente do impacto duradouro de um homem que ousou crer em um futuro transformador e diferente.

Em junho de 1956, aos 20 anos, Loren vivenciou um momento que redefiniria o rumo de sua vida. Ainda como estudante na Faculdade das Assembleias de Deus, em Springfield, ele decidiu unir-se a um quarteto gospel em uma turnê pelas Bahamas. Após se acomodar em um modesto quarto reservado aos missionários, deitou-se com a Bíblia nas mãos e, em uma oração silenciosa, suplicou a Deus que lhe revelasse Sua vontade. Foi então que ele recebeu uma visão: diante de si, surgiu um mapa do mundo, vibrante e pulsante de vida. Subitamente, Loren viu ondas que, em vez de água, eram formadas por

CAPÍTULO 1

jovens — quase de sua idade à época —, espalhando-se pelos continentes. Esses jovens caminhavam pelas ruas, entravam em lares e proclamavam a mensagem de Cristo, em uma missão que transcendia fronteiras, enchendo o mundo com a esperança do Evangelho.

Em 1960, já formado e munido de sólidos conhecimentos em liderança, além de carregar profundamente enraizada a visão que Deus lhe confiara, Loren Cunningham assumiu o pastorado e a liderança de jovens em Los Angeles. Impulsionado pelo chamado divino que ardia em seu coração, dedicou-se ao estudo das diversas culturas que sentia ser vocacionado a impactar. Durante uma viagem à Índia, um dos destinos que lhe foram designados, Loren vivenciou uma experiência que marcou profundamente sua trajetória. Ao testemunhar um ritual funerário, no qual um jovem, vítima de um conflito nas ruas, era cremado sob o pranto da comunidade, ele se viu confrontado pela desesperança que permeava aquele ambiente. Aquela cena, crua e visceral, despertou nele um desejo ainda mais intenso de levar a mensagem de esperança aos que permaneciam vivos, carentes da luz do Evangelho.

Ao retornar à sua terra, sua determinação em cumprir aquela missão se solidificou de maneira irrevogável. Com o encorajamento e o apoio de amigos e líderes, os primeiros obreiros da JOCUM emergiram. A organização nascente carregava uma missão clara: enviar jovens recém-saídos da escola para experiências missionárias, proporcionando-lhes um propósito antes de ingressarem na universidade. Era uma proposta inclusiva, que acolhia cristãos de todas as denominações. A visão de Loren Cunningham não apenas transformou a vida de milhares de jovens, mas deixou uma marca indelével no mundo, cujo impacto continua a se expandir de maneiras incalculáveis.

Assim, durante o período em que estive naquela escola, ter a oportunidade de ouvir Loren Cunningham era uma experiência profundamente impactante para mim. Como estudante, uma das minhas responsabilidades voluntárias consistia em limpar as janelas da casa desse homem, cuja influência transcendia as praias e palmeiras que o cercavam. Embora essa tarefa pudesse parecer trivial, para mim ela representava uma honra indescritível. Naquela época, eu alimentava uma visão vibrante e promissora do meu futuro com Deus, embora essa perspectiva ainda me fosse um vislumbre distante, como uma imagem turva. Contudo, à medida que limpava os vidros, comecei a perceber que o Senhor, lentamente, estava ajustando a lente pela qual eu enxergava o que estava por vir, revelando diante de mim um cenário mais claro e repleto de propósito divino.

Lembro-me de que, devido à sua agenda sempre cheia de compromissos, Loren raramente estava presente; mas, quando se encontrava ali, sua presença era marcante. Em dias como esses, convocava-nos — eu e os outros voluntários — para conversas no *deck*, onde nos oferecia limonada e biscoitos enquanto compartilhava reflexões profundas sobre o Reino de Deus. O aroma do mar e a luz do sol se entrelaçavam com suas histórias

CAPÍTULO 1

sobre missões e liderança, criando uma atmosfera memorável. Esse era o nosso tempo de mesa.

Certa vez, ele nos chamou e permitiu a cada um de nós lhe fazer uma pergunta. Em minha vez, ansioso por orientação, perguntei sobre o futuro do movimento missionário e como ele via o avanço da Igreja de Cristo. A resposta que recebi me surpreendeu: com um semblante empolgado, Loren afirmou que eu era o futuro do movimento missionário. Como o único brasileiro na turma daquela escola, essa declaração me deixou aturdido, principalmente porque cresci em um ambiente que considerava os norte-americanos como os grandes líderes cristãos em missões. No entanto, logo entendi que ele não se referia apenas a mim, mas a todo o Sul global[9]. Naquela época, ele já enfatizava que o cristianismo floresceria nesses territórios, enquanto enfrentaria estagnação na Europa e na América do Norte.

Aquela conversa não apenas suscitou em mim uma profunda reflexão acerca do futuro e do papel que eu e os demais ali presentes desempenharíamos no cenário global, mas também me dotou de um empoderamento singular. Por meio das palavras daquele homem, pude sentir o Senhor intensificar o senso de missão que me fora confiado. Após esse encontro, permaneci envolvido nas atividades por mais um ou dois anos, até concluir minha formação. Foi somente em 2016 que restabelecemos contato, e mantivemos uma relação estreita até o seu falecimento, em 2023. Os momentos que partilhei à mesa com Loren foram sempre memoráveis, incitando-me a dar passos ousados de fé na direção do cumprimento da visão que Deus havia depositado em meu coração.

No final de março de 2023, fui contatado pela família de Loren, que me comunicou seu desejo de vivenciar um momento especial de oração com alguns jovens líderes, os quais ele considerava como filhos espirituais. Naquele momento, ele já se encontrava enfermo, e os médicos não tinham previsão de quanto tempo lhe restava, conferindo ao convite um caráter de urgência e relevância. O propósito desse encontro era a passagem de legado, uma transferência de unção.[10]

Ao chegar ao seu lado, deparei-me com sua condição debilitada pela doença, deitado em sua cama. Sua esposa informou-me que dispúnhamos de quatro a seis horas para conversar antes de sua consulta médica; assim, desfrutamos de um tempo profundamente significativo juntos. Naquele dia, ele compartilhou reflexões profundas sobre sua vida e o legado que havia construído em parceria com o Senhor para o avanço do Reino. À medida que o escutava, meu coração ardia intensamente por Deus, como se estivesse recebendo uma nova unção — e, de fato, estava.

Em determinado momento, após questionar-me sobre os povos em meu país que ainda careciam de acesso às Escrituras, ele indagou: "Qual é a palavra que Deus lhe confiou? Qual missão Ele designou para você?". Ajoelhado ao seu lado, revelei que fora chamado para estabelecer a Universidade Dunamis e para preparar avivalistas e reformadores para as nações em todas as esferas da sociedade. Mesmo em sua condição debilitada, Loren, com um fervor inspirador, encorajou-me a agir com presteza ao apontar seu dedo indicador em minha face e dizer: "Vá e faça o que Deus o chamou para fazer". Com um desafio repleto de amor, instou-me a não permanecer inativo, mas a me engajar ativamente na causa que o Senhor havia me confiado. Naquele dia, ele impôs as mãos sobre mim e orou ao Altíssimo, transferindo a unção que recebera para impactar as nações. Por fim, após muitas lágrimas, despedi-me de Loren, que, com um sorriso no rosto, disse: "Vejo você do outro lado".

LEGADO OU LACUNA?

Diante de exemplos inspiradores que, por meio do Evangelho, promoveram transformações significativas em diversas nações e incitaram gerações de missionários a propagar a Mensagem da Cruz, a reflexão que emerge em meu interior é a seguinte: estamos vivendo de maneira a deixar um legado espiritual genuíno e duradouro para esta geração ou, ao partirmos, deixaremos apenas um vazio na sociedade?

Quando falo sobre lacuna, refiro-me, por exemplo, ao paradoxo alarmante em que o Brasil se encontra. Nas últimas décadas, nosso país tem testemunhado o crescimento exponencial do número de evangélicos. Entre 2000 e 2010, a população evangélica saltou de 26,2 milhões para 42,3 milhões, representando uma

O GATILHO

proporção de 22,2% da população, em comparação aos 9% registrados em 1991.[11] No entanto, essa expansão tem ocorrido em um contexto de aumento da violência e da corrupção. Enquanto a fé se dissemina, a sociedade brasileira se vê cada vez mais assolada por questões que desafiam seu tecido social.

Como Igreja, não podemos desconsiderar esses dados. É imperativo que nos indaguemos sobre a eficácia da transformação que a crescente presença evangélica deveria fomentar. Um verdadeiro avivamento deve, por essência, provocar uma mudança social profunda. Diante disso, é crucial que nos perguntemos se estamos, de fato, formando uma geração de seguidores de Cristo dispostos a sacrificar suas vidas por Ele ou se estamos apenas aglomerando uma multidão. Estamos deixando um legado significativo no mundo ou apenas criando uma lacuna? O aumento do número de evangélicos poderia servir como um potente motor de mudança, mas quando esse crescimento não é acompanhado por uma profundidade espiritual e um compromisso com a justiça, a paz e a verdade, corremos o sério risco de construir uma sociedade que, embora familiarizada com os ensinamentos cristãos, permanece inalterada por eles.

Ao observar os últimos passos de figuras tão inspiradoras e cujos ministérios têm relevância indiscutível, especialmente o de minha mãe, a Pastora Sarah Hayashi, fui instigado a refletir sobre o que deixamos e o que levamos desta Terra. Minha mãe destacou-se em sua geração, dedicando-se de maneira integral à obra de Deus. Seu

CAPÍTULO 1

legado notável na história da Igreja brasileira testemunha como a devoção e o compromisso inabaláveis podem gerar frutos que perduram ao longo do tempo.

Atualmente, a Zion Church, igreja que ela fundou sob a orientação do Senhor, já se expandiu para dezenas de cidades em diversos países.[12] Além disso, sua contribuição foi essencial para a fundação e o crescimento do Dunamis Movement, que hoje realiza centenas de reuniões semanais em universidades em dez países.[13] A vida e o testemunho de minha mãe são, para mim, uma fonte de profundo aprendizado e admiração. Sem dúvida, ela é uma das minhas maiores referências no caminhar com o Senhor, pois não apenas edificou um lindo e sólido legado durante sua vida, mas também cultivou um relacionamento íntimo com o Pai, preparando-se para a continuidade desse vínculo na Eternidade.

Deus não nos convoca meramente para atuarmos como espectadores em Sua obra, mas para nos tornarmos coautores de uma narrativa que glorifica Seu nome. O Pai nos confere talentos, dons e oportunidades para que possamos realizar algo verdadeiramente extraordinário. Assim, carregamos a responsabilidade de nos posicionar com firmeza em fé, buscando incessantemente Sua orientação e nos lançando à ação. O legado que deixaremos neste mundo será moldado por nossas escolhas, nossa fé e nossa disposição em obedecer ao chamado do Senhor.

O GATILHO

Clareza de visão

Ao contemplar a trajetória desses grandes líderes — e a minha própria caminhada — percebo que, quanto mais claramente entendemos a missão que Deus nos confiou, mais urgente se torna a necessidade de agir. Essa clareza antecede a intencionalidade que nos impulsiona a cumprir o propósito divino designado a cada um de nós.

À medida que envelhecemos, somos tomados por um sentimento ambivalente, no qual, por um lado, sentimos que ainda há muito tempo pela frente, mas, por outro, reconhecemos a finitude desse tempo. Contudo, compreendi, tanto no Senhor quanto ao observar a trajetória desses gigantes na fé, que as conquistas ao longo de nossas vidas não se distribuem de maneira uniforme; ao contrário, elas seguem um padrão que desafia a lógica linear.

Na juventude, entre os 20 e 30 anos, o progresso é modesto, quase como um ensaio preparatório. No entanto, ao ultrapassarmos essa fase, cada década subsequente parece amplificar o impacto de nossas ações. Durante a transição dos 30 para os 40 anos, as realizações se intensificam, valendo quatro vezes mais do que nos anos anteriores. À medida que avançamos dos 40 para os 50, esse potencial se expande ainda mais, permitindo que nossas conquistas se multipliquem de forma exponencial.

Dessa maneira, a constância de nossa dedicação ao Senhor, cultivada ao longo dos anos, estabelece alicerces sólidos sobre os quais podemos edificar legados

CAPÍTULO 1

significativos. Ao nos firmarmos na visão que nos foi confiada e buscarmos estratégias apropriadas para a ação, perceberemos que o futuro transcende esperanças passageiras; ele se desdobra em uma poderosa manifestação divina, que ultrapassa as conquistas pessoais.

Loren, por exemplo, recebeu uma visão e compreendeu que, embora intangível, toda promessa se concretiza pela fé — que funciona como um veículo para trazer à existência o que ainda não se vê[14]; ou seja, ter uma perspectiva sobre o que o Senhor espera para o futuro é essencial, mas é igualmente importante se posicionar diante do que Ele nos entrega, e, para isso, é necessário ter fé. Essa, por sua vez, vem pelo ouvir a Palavra[15] e se manifesta por meio de passos de obediência radical, transportando o que Deus nos revela.

Certa vez, enquanto observava os ônibus da Zion, igreja que pastoreio, partindo com centenas de crianças a caminho de um acampamento infantil, percebi que aquilo era uma manifestação clara da fé em ação. Eu estava criando meus filhos com a intenção de que se tornassem "fazedores de história", mas sempre me perguntava como isso aconteceria. Ao vê-los embarcando, rumo a experiências que certamente os transformariam, compreendi que a fé era como aquele ônibus: ela se manifesta por meio da obediência, transformando as revelações em realidades tangíveis e impactantes.

A obediência é o elo que conecta a perspectiva futura à realidade presente, permitindo-nos vivenciar o sobrenatural. O que é exigido de nós, porém, é a fidelidade

O GATILHO

em permanecer atentos, à espera da orientação divina. Embora o entusiasmo e as emoções que acompanham uma visão sejam inspiradores, precisamos nos lembrar de que a verdadeira fé se fundamenta na convicção, não em nossos sentimentos. Por isso, não basta apenas receber uma visão; é necessário um posicionamento firme diante do que Deus nos entrega. Enquanto discípulos do Senhor, devemos estar prontos para dar passos em obediência, mesmo quando o fervor emocional do lugar secreto tiver se dissipado.

Deus anseia por realizar maravilhas por intermédio da vida de cada um de nós. Portanto, convido-o a refletir sobre como você pode, neste dia, investir seu tempo e talentos para deixar uma marca duradoura na Terra. Não permita que a inércia limite sua contribuição para a Eternidade; em vez de deixar uma lacuna na história, empenhe-se em construir um legado que impactará gerações futuras! Em tempos em que "terminar bem" parece uma missão quase impossível, as narrativas de tantos homens e mulheres que caminham com o Senhor podem servir como um sopro de esperança.

É imprescindível que, como Igreja, nos recordemos de que, no dia em que prestarmos contas diante do Senhor, nossas obras não serão suficientes para justificar a ausência da santidade e do caráter de Cristo em nossas vidas, conforme enfatizado em Mateus 7.22-23.

> **NÃO PERMITA QUE A INÉRCIA LIMITE SUA CONTRIBUIÇÃO PARA A ETERNIDADE.**

CAPÍTULO 1

Terminar bem a corrida está intrinsecamente ligado ao que construímos em segredo. Edificar um legado significa, antes de tudo, edificar no Céu; é derramar nossas vidas como uma oferta ao Senhor e viver em uma devoção profunda e contínua. Somente assim, o que realizamos em Seu nome ressoará na Eternidade.

CAPÍTULO 2

EFEITO DOMINÓ

CAPÍTULO 2

Imagine uma cidade onde duas realidades opostas coexistem em um equilíbrio precário, separadas por uma linha que é tanto física quanto ideológica. De um lado, um regime rígido que impõe controle, silencia vozes dissidentes e sufoca qualquer vislumbre de liberdade; do outro, a promessa de algo diferente, um futuro moldado pela autonomia e pela expressão individual. Por décadas, essas duas metades convivem lado a lado, mantendo a tensão de uma guerra não declarada, com as suas fronteiras bem vigiadas, os seus cidadãos cuidadosamente monitorados, e uma sensação constante de que tudo poderia desmoronar a qualquer momento.

Numa noite de novembro, um incidente aparentemente insignificante ocorre — um anúncio feito por um porta-voz confuso, pressionado por uma sala lotada de jornalistas. Ele lê um comunicado sem entusiasmo, suas palavras vacilam, os detalhes são vagos, quase incoerentes. A multidão de repórteres, ávida por respostas, insiste: "Quando isso começa?". Ele hesita, busca respostas nos papéis à sua frente e, sem qualquer orientação precisa, declara: "Imediatamente, o mais rápido possível". Uma frase que, se dita em qualquer outra circunstância, talvez não tivesse qualquer consequência; mas dita naquele lugar, naquela hora, ela se torna o primeiro dominó de uma cadeia de eventos incontroláveis.

Em questão de horas, uma onda de entusiasmo e dúvida varre a cidade. Pessoas que viveram a vida inteira sob restrições inflexíveis começam a se reunir em torno dos portões que, até aquele momento, pareciam

O GATILHO

intransponíveis. Guardas, sem instruções claras, olham para a crescente multidão com incerteza, sentindo a pressão crescente de um movimento que eles não entendem e não conseguem conter. A tensão atinge um ponto de ruptura e, em um ato de capitulação silenciosa, as barreiras se abrem. Não há fogos de artifício nem discursos triunfantes — apenas a surpresa e a euforia de um povo que, por um breve momento, desafia décadas de opressão com um simples ato de atravessar.

Rapidamente, aquele erro de comunicação se transforma em um catalisador de revoluções para além dos muros da cidade e se espalha por todo o continente, quebrando as correntes de regimes que pareciam invencíveis. Em outros países, manifestações ganham força, impulsionadas pelo que agora parece possível. As velhas certezas começam a desmoronar: o que era sólido se torna fluido, o que era inquebrável cede. E, em poucos meses, o impensável se torna realidade e regimes que por décadas mantiveram um controle absoluto começam a cair, um após o outro, como peças de um dominó geopolítico.

Ao final, a verdadeira magnitude desse momento se revela: não foi uma grande batalha ou um tratado que selou o destino de um império, mas um porta-voz confuso, que liberou forças muito além do controle de qualquer governo. Aquela cidade dividida era Berlim, capital da Alemanha. E naquele dia de 1989, as suas fronteiras não foram apenas abertas; elas foram desmanteladas, mudando o curso da História e redefinindo o mapa do mundo moderno.

CAPÍTULO 2

A queda do muro foi semelhante ao que ocorre quando um leve toque é dado à primeira peça de uma fileira de dominós. Esse gesto inicial desencadeia uma fascinante reação em cadeia: a primeira peça toca a seguinte, que, por sua vez, derruba a próxima, e assim sucessivamente. Cada dominó, à primeira vista isolado, revela-se, na verdade, intrinsecamente conectado ao todo, formando uma rede de interdependência que acentua o impacto de cada ação. Não à toa, durante a Festa da Liberdade, que celebrou os 20 anos da queda do muro, um dominó gigante com cerca de mil blocos de dois metros e meio de altura foi derrubado, simbolizando os efeitos desse evento.

A queda do muro resultou na reunificação da Alemanha em 3 de outubro de 1990, encerrando a divisão entre a Alemanha Oriental e Ocidental. Representou o fim da Guerra Fria, contribuindo para o colapso de regimes comunistas na Europa, e simbolizou a luta pela liberdade e pelos direitos humanos, inspirando movimentos democráticos em países do bloco soviético. Além disso, impulsionou a globalização econômica e cultural, facilitando a integração dos países da Europa Oriental na economia global.

A FAÍSCA DE WITTENBERG

Sem dúvida, a queda do Muro de Berlim é uma das cenas mais icônicas da História recente, e isso se deve, em grande parte, à intensidade e ao poder das transformações que se seguiram. Contudo, ao refletir

O GATILHO

sobre essa dinâmica do efeito dominó, particularmente nada me parece tão impressionante e fascinante quanto as histórias dos avivamentos da Igreja.

São histórias de homens e mulheres que ousaram atender a um chamado, buscando transformação e renovação em tempos de incerteza. Engana-se quem acredita que esses avivamentos são meros episódios isolados; na verdade, eles formam um panorama interconectado da fé cristã, no qual cada evento se relaciona com o anterior, criando um legado que ressoa até os dias de hoje.

Um exemplo disso é uma história que aconteceu na Alemanha no século XVI. Tudo começou em uma pequena cidade alemã, onde um monge agostiniano vivia imerso nos Textos Sagrados. Ele se dedicava ao estudo das Escrituras, mas sentia um profundo descontentamento borbulhando dentro de si. O que via ao seu redor, nas práticas da Igreja, parecia não corresponder à essência do que ele lia. Aquela discrepância, um abismo entre a teoria e a prática, transformava-se em uma inquietação crescente.

Certo dia, ele decidiu fazer algo que poderia parecer insignificante: pegou uma folha de papel e, com um impulso de frustração e esperança, redigiu uma série de pontos de incompatibilidade entre o que as Escrituras diziam e o que a Igreja vivia — não como um grito revolucionário, mas como uma busca sincera por clareza.

Então, em 31 de outubro de 1517, ele fixou essas folhas, contendo 95 teses, na porta da Igreja de Wittenberg, um importante centro intelectual e religioso na

CAPÍTULO 2

época, em um ato que foi como a primeira peça de uma reação em cadeia. O eco de suas palavras começou a ressoar em mentes inquietas, de príncipes a camponeses, cada um se perguntando se tudo aquilo era ou não verdade, e se suas próprias crenças faziam sentido.

À medida que as ideias se espalhavam, as pessoas começaram a se reunir, formando uma comunidade de pensamento crítico. O que antes era uma simples inquietação tornou-se um movimento; pequenos grupos começaram a questionar não apenas a autoridade eclesiástica, mas também as estruturas sociais e políticas que sustentavam a ordem estabelecida. Era um momento de transformação, em que a certeza se tornava dúvida e o medo se convertia em coragem.

A invenção da prensa de Gutenberg, um marco tecnológico da época, teve um impacto fundamental nesse processo. Com as teses de Wittenberg se espalhando por todo o continente, cada nova impressão se tornava uma oportunidade, um convite ao debate. Assim, Martinho Lutero, aquele monge que buscava apenas respostas, transformou-se no porta-voz de uma revolução.

À medida que suas ideias se disseminavam como um fogo em campo seco, outros pensadores começaram a surgir, cada um contribuindo com sua própria voz à sinfonia da mudança. No entanto, essa expansão não ocorreu sem resistência. As perseguições aos dissidentes se intensificaram, criando um clima de tensão que tornava a mensagem ainda mais poderosa. Cada ato de

O GATILHO

opressão revelava a força do movimento, como se cada dominó caindo impulsionasse os outros a avançar.

Finalmente, o que começou como uma simples insatisfação — uma inquietação que o Espírito Santo provocou em Lutero — desencadeou uma onda impressionante de transformações na Igreja e na História, provando que um único ato, uma única ideia, pode iniciar um efeito dominó que desperta e transforma civilizações inteiras.

Foi a Reforma que lançou as bases para o desenvolvimento do pensamento crítico e da liberdade, como também para a educação universal[1]. Esse movimento afetou até mesmo revoluções além das fronteiras europeias, como a Independência Americana de 1776. Além disso, resultou em um aumento acelerado da alfabetização, uma vez que a tradução da Bíblia para as línguas vernáculas possibilitou que um número maior de pessoas tivesse acesso direto às Escrituras. Na Alemanha, por exemplo, as taxas de alfabetização dispararam nas décadas seguintes à publicação da Bíblia, em 1534.[2]

> O QUE COMEÇOU COMO UMA SIMPLES INSATISFAÇÃO, DESENCADEOU UMA ONDA IMPRESSIONANTE DE TRANSFORMAÇÕES NA IGREJA E NA HISTÓRIA.

A esfera econômica também foi afetada pela Reforma, que influenciou o surgimento do capitalismo

CAPÍTULO 2

moderno, como argumentado por Max Weber, ao destacar que a ética protestante do trabalho, combinada com a ideia da soberania de Deus, levou ao crescimento do empreendedorismo e da acumulação de capital.[3]

Portanto, o mover espiritual, que começou como um desafio isolado à venda de indulgências, não apenas reaproximou os seguidores de Cristo da verdade do Evangelho, mas também alterou o curso da civilização ocidental, gerando desdobramentos que continuam a moldar o mundo contemporâneo.

UMA PEÇA FUNDAMENTAL

> À noite, fui sem grande vontade a uma reunião na Rua Aldersgate, **onde alguém lia o prefácio de Martinho Lutero** à Epístola aos Romanos. Por volta das vinte horas e quarenta e cinco minutos, enquanto ele descrevia a mudança que Deus realiza no coração pela fé em Cristo, senti um ardor estranho em meu coração. Senti que confiava em Cristo, somente em Cristo, para a salvação; e uma segurança foi-me dada de que Ele havia perdoado os meus pecados, sim, os meus pecados, e salvou-me do pecado e da morte.[4]

Essas palavras, registradas em um diário no ano de 1738, em Londres, descrevem o momento em que um

O GATILHO

homem, ao ouvir a leitura do comentário bíblico de Martinho Lutero, sente, pela primeira vez, o calor do Espírito Santo.

O autor do diário, John Wesley, um clérigo anglicano e líder espiritual, descreve o instante em que sua fé deixou de ser uma crença intelectual e se converteu em uma experiência profunda e transformadora. Wesley não tinha ideia de aquela experiência em Aldersgate se tornaria um marco decisivo, não apenas em sua trajetória pessoal, mas também na história da Igreja, ampliando ainda mais o legado da Reforma.

Naquele momento, a Europa era um mosaico de contrastes e tensões. De um lado, uma aristocracia poderosa mantinha seu domínio, enquanto do outro, uma classe trabalhadora emergente lutava contra condições de vida precárias. As desigualdades eram palpáveis, criando uma pressão crescente por mudança.

O continente ainda permanecia sendo um campo de intensas divisões religiosas, especialmente entre católicos e protestantes, resultando em conflitos e perseguições em várias regiões. Nesse ambiente efervescente, o Iluminismo também começou a formar suas primeiras ondas, introduzindo na sociedade ideias sobre razão, ciência e liberdade individual. Simultaneamente, a Revolução Industrial se aproximava, prometendo uma urbanização acelerada e uma mobilidade social sem precedentes, que transformaria as dinâmicas familiares e comunitárias.

A Inglaterra, em particular, ainda se recuperava dos ecos da Guerra Civil Inglesa e da Revolução Gloriosa de

CAPÍTULO 2

1688, que estabeleceram uma nova ordem política com a monarquia constitucional. Era um contexto de incerteza e oportunidade, em que as velhas tradições estavam sendo testadas. Foi nesse turbilhão de mudança que John Wesley, uma peça singular e fundamental, emergiu.

Wesley, filho de um ministro anglicano, nasceu e cresceu em Epworth, Inglaterra, em uma família cheia de fé e disciplina. Em sua juventude, destacou-se como acadêmico na Universidade de Oxford e, após concluir seus estudos, retornou à sua cidade natal, onde foi ordenado ao ministério e começou a auxiliar seu pai nas atividades eclesiásticas.

Durante uma visita ao irmão Charles, que ainda estava estudando em Oxford, a sua vida começou a trilhar um novo caminho. Charles e seus amigos haviam fundado o "Holy Club", um grupo comprometido com a sobriedade, a participação na comunhão semanal, o aprofundamento no estudo das Escrituras e a visitação a prisioneiros.

Reconhecendo seu potencial, o Holy Club rapidamente elegeu John Wesley como seu líder. O rigor de sua abordagem e a disciplina quase militar que ele promovia geraram desprezo em alguns círculos, e os críticos logo os rotularam com nomes como "devoradores de Bíblia" e, mais notavelmente, "metodistas".[5]

No entanto, foi em Londres, em maio de 1738, que a trajetória de Wesley sofreu uma transformação decisiva. Na mencionada reunião na rua Aldersgate — à qual ele quase não compareceu —, teve a oportunidade de ouvir a leitura do prefácio de Lutero à Epístola aos

O GATILHO

Romanos. O impacto daquelas palavras foi tão profundo, que Wesley sentiu o que descreveu em seu diário como "um ardor estranho" e teve a certeza de que sua salvação estava garantida.

Após a experiência na rua Aldersgate, Wesley se lançou em um ministério incansável, com números impressionantes: ele percorreu cerca de 380 mil quilômetros — a maior parte a cavalo — e pregou cerca de 40.000 sermões, uma média de mais de dois por dia[6], até o ano de sua morte, em 1791. Essa determinação de Wesley não apenas moldou sua própria vida, mas lançou as bases de um movimento que reverberaria por gerações.

A pregação ao ar livre, que Wesley inicialmente hesitava em adotar, tornou-se uma das características mais emblemáticas do movimento. Ele percebeu que, muitas vezes, o mover espiritual precisava ocorrer fora dos muros da igreja tradicional — o que o levou a proclamar: "O mundo é a minha paróquia"[7]. E, então, algo extraordinário aconteceu: esse despertar se espalhou como fogo, cruzando fronteiras geográficas e sociais.

A Mensagem pregada por Wesley ressoou em toda a Inglaterra, nas colônias americanas e além. O impacto foi notável: pessoas começaram a se reunir em comunidades de fé vibrantes, transformando vidas e cidades. Perto do final dos seus dias, o metodismo estava crescendo não apenas na Grã-Bretanha, mas também de forma fenomenal nos Estados Unidos.

John Wesley faleceu em 1791, aos 88 anos, deixando como legado milhares de seguidores de Cristo na

CAPÍTULO 2

Inglaterra e centenas de ministros do Evangelho ordenados. Ele investiu na educação cristã, renovou a fome espiritual na Inglaterra e em suas colônias, lutou pela justiça social, defendeu a causa dos pobres, encorajou William Wilberforce em sua longa batalha pela abolição da escravidão no Império Britânico e estimulou missões no exterior. Ele realmente foi "uma marca do fogo" e ardeu de paixão pelo Evangelho até seus últimos dias.

CONDUTORES DE FOGO

Wesley foi, sem dúvida, uma peça-chave em uma sequência de eventos que transformaram a Igreja de Cristo. A visão de graça e santidade de John Wesley, junto com sua ideia de Perfeição Cristã[8], lançou as bases para o Movimento de Santidade e, posteriormente, para o Pentecostalismo.

Para entender como a estrutura pentecostal emergiu da teologia wesleyana, precisamos voltar à experiência de Wesley em Aldersgate. Em busca de certeza sobre sua salvação, ele mergulhou na robustez da fé dos morávios, especialmente sob a influência de Peter Bohler, que lhe assegurou que essa certeza não apenas era possível, mas acessível.

No entanto, mesmo após ter recebido essa revelação, Wesley ainda enfrentava dúvidas. Em uma de suas viagens à Alemanha, conheceu Christian David, que discutia a possibilidade de um crente alcançar uma fé plena e a purificação do pecado — uma ideia que se tornaria central na teologia wesleyana, conhecida como santificação.

O GATILHO

Mais tarde, o conceito de santificação ganhou profundidade nas interações de Wesley com John Fletcher, que trouxe uma nova ênfase ao papel do Espírito Santo, introduzindo termos como "batizado com o Espírito" e "cheio do Espírito".

As reflexões desenvolvidas por Wesley e Fletcher proporcionaram um solo fértil para o Movimento de Santidade nos Estados Unidos, no século XIX, que enfatizava a santificação como uma experiência distinta da salvação. Essa busca por uma vida cristã mais profunda rapidamente se espalhou por convenções e acampamentos, unindo crentes em um anseio coletivo. O Movimento de Santidade funcionou como uma ponte entre o metodismo e o pentecostalismo, deslocando a ênfase da Perfeição Cristã para o papel transformador do Espírito Santo.

Entre os proeminentes desse movimento estava Charles Finney, o "pai do Revitalismo Moderno", que viu a santificação completa como intimamente ligada ao Batismo no Espírito Santo. Por meio de grandes reuniões de avivamento nos Estados Unidos e na Europa, Finney estabeleceu conexões entre a teologia wesleyana e a emergente consciência pentecostal.

No século XX, nos Estados Unidos, ocorreu um poderoso mover do Espírito Santo sob a liderança de William Seymour, fruto da tradição de Santidade: o Avivamento da Rua Azusa, frequentemente visto como o berço do Pentecostalismo. O que começou como uma simples sala de oração se transformou em um fenôme-

CAPÍTULO 2

no global — um testemunho do poder transformador do Espírito Santo que se espalhou como fogo, dando início a uma nova visão da própria fé cristã.

De Azusa até Belém do Pará

Sim, você leu corretamente: o movimento da Rua Azusa encontrou seu caminho até o Brasil, e essa é uma narrativa impressionante! Tudo teve início em South Bend, Indiana, onde um pastor batista chamado Gunnar Vingren observava atentamente o avivamento que se intensificava pelos Estados Unidos. Natural da Suécia, Gunnar foi atraído pelos relatos desse fenômeno espiritual e decidiu viajar a Chicago para compreender plenamente o que ali se desenrolava. Ao testemunhar a manifestação do poder divino, sua fé foi profundamente renovada, culminando em seu batismo no Espírito Santo.

Logo depois, Gunnar participou de uma convenção de igrejas batistas na mesma cidade, onde o Movimento Pentecostal estava começando a ganhar adesão. Foi lá que ele conheceu Daniel Berg, outro jovem sueco que também havia sido tocado pelo Espírito. Essa conexão não era mera coincidência; era um sinal de que Deus estava orquestrando algo maior.

Algum tempo depois, Daniel decidiu visitar Gunnar em South Bend. Durante uma reunião de oração, eles receberam uma mensagem profética que os instruía a pregar o Evangelho e compartilhar as bênçãos do Avivamento Pentecostal. O local mencionado na profecia era um lugar chamado Pará — um nome desconhecido para ambos. Após a oração, os dois jovens foram à biblioteca em busca de um mapa, descobrindo que Pará era, na verdade, um estado no norte do Brasil.

À medida que trocavam experiências e ideias, ficou claro que Deus os estava guiando na mesma direção: uma missão em terras distantes. Com coragem e determinação, Gunnar e Daniel se despediram da igreja e da comunidade em Chicago. A congregação organizou uma coleta para apoiar os missionários, mas a quantia arrecadada foi suficiente apenas para comprar duas passagens até Nova Iorque. Ao chegarem lá, não tinham ideia de como conseguiriam o dinheiro para a próxima etapa da jornada. No entanto, essa incerteza não os desanimou. Eles estavam convictos de que haviam sido chamados por Deus, confiando plenamente que Ele se encarregaria de providenciar os recursos necessários.

Desembarcaram em Nova Iorque, sem conhecer ninguém e sem dinheiro para continuar. Enquanto caminhavam por uma das movimentadas ruas da cidade, encontraram um negociante que, na noite anterior, havia sentido que devia uma quantia a Gunnar. Em sua caminhada matinal, ele planejava enviar um envelope com o dinheiro, mas, ao ver os dois missionários à sua frente, ficou surpreso. Compartilhou sua experiência e, em um ato divino, entregou o envelope a Gunnar.

Ao abrir o envelope, Gunnar encontrou 90 dólares — exatamente o valor necessário para as passagens até Pará. No dia 5 de novembro de 1910, os missionários

CAPÍTULO 2

Daniel Berg e Gunnar Vingren embarcaram no navio "Clemente" com destino a Belém do Pará. Naquela época, o Brasil era um país predominantemente católico, apesar da presença de imigrantes protestantes e dos esforços de missionários de igrejas tradicionais.

Finalmente, em 19 de novembro de 1910, sob um sol escaldante, os dois missionários desembarcaram em Belém. Ninguém poderia imaginar que aqueles dois jovens suecos estavam prestes a iniciar um movimento que transformaria radicalmente o cenário religioso e social do Brasil.

Ao desembarcarem no Brasil, os jovens missionários Daniel Berg e Gunnar Vingren rapidamente estabeleceram conexões com líderes batistas locais. Foram acolhidos em uma igreja e se instalaram nas dependências da comunidade, animados pelo fervor do Espírito Santo. Suas orações incessantes, realizadas dia e noite, logo chamaram a atenção de alguns membros da congregação, que os consideravam fanáticos. Mas, desprovidos de dúvidas, continuaram a pregar a salvação em Cristo Jesus e o batismo no Espírito Santo, sempre fundamentados nas Escrituras.

O impacto de suas orações começou a ressoar entre os fiéis. Algumas pessoas, tocadas pela mensagem que os missionários traziam, começaram a acreditar nas verdades do Evangelho pleno. As irmãs Celina Albuquerque e Maria Nazaré foram as primeiras a se manifestar publicamente, comprometendo-se a orar até que Deus as

O GATILHO

batizasse com o Espírito Santo, conforme prometido em Atos 2.39.

Na madrugada de 2 de junho de 1911, às 1h da manhã, em uma casa na Rua Siqueira Mendes, 67, em Belém, Celina, durante suas fervorosas orações, foi batizada com o Espírito Santo. Esse momento marcaria o início de uma intensa batalha espiritual. Enquanto alguns membros da Igreja Batista aceitavam a nova doutrina, outros se opuseram veementemente, criando um ambiente de divisão.

A tensão culminou no dia 13 de junho de 1911, quando Daniel, Gunnar e 17 simpatizantes foram expulsos da Igreja Batista.

A fundação da primeira Assembleia de Deus

Com o crescimento do movimento, surgiu a necessidade de organizar o trabalho em uma igreja formal. Assim, no dia 18 de junho de 1911, foi fundada a Assembleia de Deus no Brasil, com Daniel Berg e Gunnar Vingren como os primeiros líderes. A escolha do nome "Assembleia de Deus" não tinha uma origem específica, mas estava claramente ligada às denominações norte-americanas que professavam a mesma doutrina pentecostal.

Assim, um novo capítulo se abria na história do cristianismo no Brasil, marcado pelo fervor e pela busca espiritual de pessoas dispostas a desafiar as convenções e a abraçar uma nova forma de adoração e comunidade.

CAPÍTULO 2

Recentemente, eu estive em uma reunião na Indonésia, onde líderes globais discutiram o crescimento impressionante da igreja pentecostal no Brasil, destacando que é hoje a que mais cresce no mundo.

Dr. Billy Wilson, acadêmico, presidente da Oral Roberts University, Diretor Executivo do Pentecostal World Fellowship, um defensor da obra missionária e educacional, afirmou que o Brasil é um farol de esperança e fé em meio a um mundo que busca significado. Essa visão é corroborada por muitos outros líderes que veem o Brasil como um centro vibrante do pentecostalismo global, onde a fé não apenas se sustenta, mas floresce em um ambiente de fervor e compromisso. Esse também é um dos legados de Daniel Berg e Gunnar Vingren.

UMA CORRIDA DE REVEZAMENTO

O Apóstolo Paulo, em uma de suas cartas, menciona um princípio semelhante ao que conhecemos como corrida de revezamento, afirmando que uns semeiam, outros regam, e outros colhem.[9] Esse texto reflete uma visão multigeracional do cristianismo, em que cada geração tem uma contribuição única e vital para a expansão do Reino.

Entender a fé cristã como uma corrida de revezamento nos leva a reconhecer o valor das gerações que nos precederam. Aqueles que semearam as sementes da Verdade ao longo da História estabeleceram uma base sólida sobre a qual hoje construímos. Como Igreja, devemos

O GATILHO

honrar esses predecessores, compreendendo que suas lutas e conquistas são partes essenciais da nossa própria jornada de fé e, portanto, também é nosso dever regar e nutrir essas sementes, preparando o terreno para as futuras gerações.

Esse entendimento de um Deus multigeracional nos encoraja a ver a fé não como algo efêmero, mas como um legado dinâmico, reconhecendo que o plano do Senhor se desdobra ao longo do tempo e que, na corrida de revezamento da fé, todos temos um papel a desempenhar: seja como semeadores, regadores ou colhedores, cada um de nós é parte de algo maior do que a nossa própria existência.

O reconhecimento de que estamos todos interligados por meio de Cristo — uns sustentando os outros pelo tempo — nos fortalece como comunidade. Com um olhar atento às gerações passadas e um coração aberto para as futuras, avançamos, não apenas em direção à nossa própria corrida, mas em direção ao glorioso legado que Deus está construindo por meio de nós.

Onde estão os reformadores?

Nesta corrida, o bastão agora está em nossas mãos, e, como Igreja, encontramo-nos em um momento crítico. Passados cinco séculos desde os eventos da Reforma Protestante, o mundo está fervilhando com ideologias, crenças e valores que desafiam os princípios do Reino. Estamos cercados por guerras civis, crises políticas e econômicas que ecoam os desafios enfrentados pelos reformadores que vieram antes de nós. Isso me leva a crer que podemos estar à beira de um avivamento não apenas em nossa nação, mas em escala global.

A singularidade deste momento reside na confluência de tecnologia, informação e mobilidade, que oferece oportunidades sem precedentes para a expansão do Evangelho — oportunidades que Lutero, Wesley, Seymour e outros nunca conheceram. Esses líderes não tinham metade dos recursos que temos e não hesitaram em se posicionar em defesa da Verdade, da justiça e da transformação social, cientes de que suas ações ecoariam pelas gerações.

NESTA CORRIDA, O BASTÃO AGORA ESTÁ EM NOSSAS MÃOS.

Lembre-se de que todas as histórias que você leu neste capítulo tiveram início, antes de tudo, em ações individuais. Portanto, eu acredito que podemos vivenciar um romper ainda mais significativo do que eles testemunharam, se apenas tomarmos a decisão de nos posicionar e dizer "sim" ao chamado do Senhor. A chave está em agir, em nos levantarmos, hoje e agora, e em nos unirmos em torno de uma missão que transcende o tempo.

A CHAVE ESTÁ EM **AGIR**,
EM NOS LEVANTARMOS,
HOJE E AGORA,
E EM NOS UNIRMOS EM
TORNO DE UMA **MISSÃO**
QUE TRANSCENDE
O TEMPO.

O PODER DE UMA DECISÃO

CAPÍTULO 3

Há uma singularidade fascinante nos trinta anos; é como se a vida chegasse a um ponto mais agridoce, em que a juventude, já temperada pelo tempo, se entrelaça às responsabilidades inevitáveis reservadas pelo futuro. Aos trinta, já não somos os idealistas ingênuos dos vinte; tampouco estamos presos às raízes mais profundas da maturidade. O tempo, nessa idade, já não nos oferece o conforto da hesitação; em vez disso, apresenta-nos a oportunidade e a urgência de construir algo mais sólido. O pragmatismo se impõe, firme e direto: é isso ou aquilo. Não há espaço para a ambiguidade nem tempo a perder, e até mesmo a falta de ação é uma decisão. A maturidade dos trinta anos revela o que, antes, estava obscurecido pela intensidade da primeira juventude; assim, a **certeza** sobre quem almejamos ser começa a superar as incertezas de quem um dia **imaginamos** ser.

Com isso, se formos intencionais em preencher nossa bagagem com sabedoria e discernimento, as decisões dessa fase da vida podem se transformar em correntes de energia ainda mais poderosas, capazes de nos conduzir às nossas maiores realizações. Talvez, ao ler estas palavras, você se recorde de algumas pessoas mais velhas que, em sua percepção, não se enquadram nesse perfil — exibindo, inclusive, traços de imaturidade e insensatez. Essa realidade, inegavelmente, é frequente; no entanto, aqui, devemos pensar naqueles cuja vida foi orientada pela luz da Palavra, como Cristo.

No Evangelho de Lucas, é mencionado que "Jesus tinha cerca de trinta anos [...]" (Lucas 3.23) quando iniciou, de fato, o Seu ministério. Essa idade carrega uma relevância particular, pois, nesse período da vida, estamos mais experientes e maduros, além de mais independentes. Sabemos o quão intencional é o nosso Deus; portanto, se assim desejasse, poderia ter permitido que o Filho começasse Sua jornada ministerial ainda na infância, mas optou por um ponto de partida em uma fase um pouco mais madura. Muitas figuras históricas notáveis tomaram decisões cruciais que as levaram a um lugar de relevância justamente quando alcançaram o marco das três décadas, e isso só foi possível porque, antes, fizeram a escolha de nutrir-se adequadamente — intelectual, espiritual e emocionalmente —, de forma a estarem preparadas para agir quando as oportunidades se apresentassem.

Martin Luther King Jr., por exemplo, aos 30 anos, já havia se tornado um grande líder, responsável por gerar mudanças de grande impacto em sua nação. Filho de um pastor batista, ele foi moldado pelos princípios das Escrituras, enxergando o mundo por meio das lentes da cosmovisão bíblica; portanto, provavelmente, aprendeu, durante toda a sua vida, lições sobre o amor, a justiça e a igualdade divinas. Enquanto crescia, King viu de perto as tensões raciais nos Estados Unidos; a segregação racial era uma realidade cruel! O legado de seus antepassados, que haviam lutado contra a escravidão e a opressão racial, sem dúvida, ecoou em sua vida, moldando sua consciência e o inspirando a sonhar com um mundo diferente.[1]

Após concluir sua formação acadêmica, King sentiu o chamado para o ministério. Com sua eloquência

CAPÍTULO 3

natural e um fervor incansável, ele começou a articular a mensagem de um novo sonho — um sonho de igualdade e justiça, em que o tom da pele não seria mais um determinante do valor humano.[2] Em 1955, pouco antes de seus trinta anos, sua história tomou um rumo decisivo quando Rosa Parks, uma mulher de coragem indomável, recusou-se a ceder seu assento a um homem branco em um ônibus de Montgomery.[3] Esse ato simples, mas poderoso, acendeu a chama do movimento pelos direitos civis nos Estados Unidos.

A bagagem acumulada por King ao longo de sua vida o preparou para despontar como uma voz imponente, prontamente assumindo a liderança do boicote aos ônibus de seu condado[4]. Ele inspirou ação, unindo comunidades em torno da visão de um futuro mais justo e igualitário. Seu discurso, carregado de propósito, repercutiu como um chamado ao despertar, alcançando os ávidos por mudança. Nos anos seguintes, a luta pela igualdade ganhou força, culminando em momentos históricos como a Marcha sobre Washington[5], em 1963, evento no qual, diante de uma multidão, King proferiu seu famoso discurso, *I have a dream* ("Eu tenho um sonho", em português). Com palavras carregadas de esperança, ele delineou um futuro vívido em que a liberdade e a justiça se entrelaçariam como irmãos. Ao longo de sua trajetória, Martin Luther King Jr. enfrentou prisões e atentados, mas jamais permitiu que o medo silenciasse sua voz. De forma contrária, destacou-se como um líder pacífico, inspirando outros a insurgirem contra as injustiças deste mundo.

O GATILHO

Sua trajetória foi tragicamente interrompida em 4 de abril de 1968, quando, enquanto se preparava para mais um discurso, em Memphis, Tennessee, sua vida foi ceifada por um ato de violência. A morte de King teve uma repercussão global; mas, embora ele tenha partido, seu legado permaneceu vivo. Entre seus maiores feitos, destacaram-se a decisiva contribuição para a aprovação da Lei dos Direitos Civis de 1964, que aboliu a segregação em espaços públicos, escolas e no ambiente de trabalho, além de ter criminalizado a discriminação baseada em raça, gênero, religião e nacionalidade; e o papel fundamental na promulgação da Lei dos Direitos de Voto de 1965, que garantiu aos afro-americanos o direito ao voto, eliminando barreiras como testes de alfabetização e taxas de votação.

Por fim, King se consolidou, ainda, como uma figura inspiradora para o Movimento Anti-Apartheid, na África do Sul, e para as lutas por igualdade na Europa e na América Latina. Seu impacto não se limitou às reformas legislativas e políticas, mas alcançou, também, áreas como os direitos humanos, a igualdade de oportunidades e a construção de uma sociedade mais inclusiva. Até a atualidade, seus ideais moldam debates sobre justiça racial, econômica e social, servindo como fonte de inspiração para inúmeros movimentos contemporâneos.

CAPÍTULO 3

UM CORAÇÃO EM CHAMAS

Outra figura cujos impactos moldaram não apenas sua própria trajetória, mas todo o mundo, foi Barclay Buxton, que, aos 30 anos, desembarcou em Yokohama, no Japão, impulsionado por um chamado missionário que ardia em seu coração. A partir de sua decisão de seguir o chamado de Cristo, o Evangelho se espalhou pelas terras nipônicas, impactando aquela nação de forma duradoura e inimaginável.

Nascido em 1860, Buxton pertencia a uma das mais nobres linhagens da aristocracia inglesa; por isso, era cercado por privilégios. Seu pai, Sir Thomas Fowell Buxton, era um ilustre filantropo e político, reverenciado por sua incansável luta pela abolição da escravidão no Império Britânico.[6] No entanto, mesmo em uma realidade confortável, Buxton começou a experimentar uma inquietação incapaz de ser preenchida por seus bens ou por seu status. Em meio a uma sociedade que valorizava a tradição e o poder, ele se viu confrontado por um vazio existencial. Próximo aos seus trinta anos, já mais maduro, Buxton entendeu que a prosperidade material jamais seria capaz de saciar os anseios mais profundos de sua alma. A riqueza e a influência social, as quais, antes, pareciam pilares sólidos de sua existência, perderam o seu valor diante da missão eterna revelada por Deus.

Em nossa vida cotidiana, somos, muitas vezes, tentados a encontrar sentido em banalidades, sem perceber que só encontraremos propósito no que é eterno.[7] O exemplo de Buxton nos lembra de que a verdadeira plenitude surge quando respondemos ao chamado divino, o qual nos desafia a servir além das fronteiras do previsível, visando, acima de tudo, deixar um legado para além de nossa própria existência. Esse comissionamento ardia no coração de Buxton, incitando-o a buscar uma vida dedicada a autenticidade encontrada somente em Jesus. Assim, movido pela revelação de Cristo, ele tomou uma decisão que transformou radicalmente o curso de sua trajetória e do mundo: renunciou a seus privilégios para se dedicar integralmente à missão de levar o Evangelho a terras longínquas, onde poucos ousavam pisar.[8]

UM LEGADO QUE ATRAVESSA GERAÇÕES

Antes de chegar ao Japão, Buxton vivenciou uma experiência de "santificação completa", que, em grande parte, foi uma resposta aos testemunhos inspiradores de H. W. Webb-Peploe e do Reverendo W. Elwin Oliphant, um clérigo comprometido com o atendimento aos menos favorecidos da paróquia. Ambos foram influenciados

CAPÍTULO 3

pelos movimentos de santidade radical, que, por sua vez, refletiam a evolução das ideias wesleyanas sobre santificação e ministério social em contextos além do metodismo durante os séculos XIX e XX. Esses movimentos, imbuídos de um fervor revivalista, desafiavam as fronteiras denominacionais tradicionais e promoviam experiências religiosas coletivas — muitas vezes, descritas como "santificação completa", "batismo do/com/no Espírito Santo", "Pentecostes" ou "pentecostal". No cerne dessa revolução espiritual, pulsava a crença da capacidade transformadora do Espírito Santo, interpretada à luz da narrativa do Pentecostes, encontrada em Atos dos Apóstolos.[9]

No Reino Unido, os movimentos de santidade radical englobavam instituições notáveis, como o Exército da Salvação, a Igreja da Santidade, fundada por Sophia Chambers, a Liga de Oração Pentecostal, além de convenções como a de Southport e a de Keswick. Sem um magistério formal que estabelecesse doutrinas, essas comunidades se orientavam por um tribunal de opinião — manifestado em publicações periódicas, livretos e pregações —, convencidas de que suas experiências eram universais e transcendiam barreiras de denominação, classe, gênero e raça.[10] As crenças de Buxton estavam inextricavelmente ligadas a esses movimentos de santidade radical.

Sentindo-se profundamente chamado para o trabalho missionário, Barclay Buxton decidiu utilizar suas conexões familiares com a Church Missionary Society

O GATILHO

(CMS)[11] como um trampolim para sua jornada missionária. Seu avô, o abolicionista Thomas Fowell Buxton, havia sido tesoureiro da instituição, seu pai e outros membros da família financiavam, generosamente, a organização, e diversos outros parentes, igualmente comprometidos com a causa missionária, haviam dedicado suas vidas ao trabalho missionário por meio da CMS.

Nesse contexto, a colaboração entre a família Buxton e o estrategista da CMS, Eugene Stock, resultou em um acordo inovador e audacioso, que habilitou Barclay a fazer missões, porém, sem as limitações habituais impostas aos missionários da época. Isso lhe deu a liberdade necessária para adaptar seu ministério às circunstâncias locais e à cultura japonesa, permitindo um impacto mais profundo e duradouro. Poucos meses após o acordo, Buxton e sua família chegaram a Matsue, o campo missionário designado pela CMS.

Mais tarde, pude entender a real extensão desse legado. Ao estudar e me aprofundar na trajetória de Buxton, descobri que Matsue era a cidade de origem de minha avó materna. Ela havia sido a segunda geração cristã em sua família, diretamente influenciada pelo trabalho da CMS. Essa revelação me fez perceber que o legado de Buxton não era algo distante ou abstrato — ele impactou minha própria linhagem, tocando gerações de maneira profunda e transformadora.

A obediência ao chamado divino transcende o tempo e o espaço, tocando vidas que os pioneiros missionários jamais poderiam imaginar — como a minha e

CAPÍTULO 3

a sua. O comprometimento de Buxton e sua disposição de sacrificar o conforto em prol da missão é um exemplo claro de como o impacto de uma vida dedicada ao Evangelho se estende para além de uma única pessoa, influenciando famílias, comunidades e até descendências. Somos testemunhas vivas de que o trabalho iniciado em solo fértil, como o de Matsue, pode frutificar de maneira surpreendente e continuar a gerar mudanças ao longo do tempo.

O Japão que recebeu Buxton

Matsue, capital da Província de Shimane, era uma cidade com cerca de cinquenta mil habitantes, localizada em uma área ainda muito restrita na década de 1890, pois, por mais de dois séculos, a nação japonesa foi isolada do resto do mundo, e sua cultura e tradições preservadas sob o regime feudal dos xoguns[12]. No entanto, em 1853, a chegada do Comodoro Matthew Perry, da Marinha dos Estados Unidos, forçou o Japão a abrir seus portos ao comércio ocidental, dando início a Era Meiji — um período que redefiniu a essência da identidade japonesa.[13]

Imagine um país que, em poucos anos, troca o seu sistema feudal por uma estrutura moderna de governo; de repente, o imperador deixa de ser um símbolo distante para se tornar um líder ativo. Em 1868, com a restauração Meiji, o Japão deu o primeiro passo decisivo em direção a essa transformação. Foi por meio da educação que a

O GATILHO

elite japonesa equipou sua população com conhecimentos e habilidades capazes de competir com as potências ocidentais. O governo Meiji investiu pesadamente em um novo sistema educacional, que incluía o ensino de ciências, matemática e línguas estrangeiras. O resultado? Uma geração altamente capacitada, pronta para abraçar novas ideias e inovações tecnológicas. Em menos de quatro décadas, fábricas, ferrovias e telégrafos apareceram por todo o país, simbolizando a ambição de um povo que não se contentava com a mera sobrevivência.

O país deixou de ser um território marginalizado para se tornar um jogador importante no tabuleiro internacional; então, o mundo cristão pôde se expandir para horizontes desconhecidos, em busca de corações sedentos por novas luzes. Nesse contexto, a mensagem da santidade radical, pregada por Buxton, foi um caminho de esperança. O missionário acreditava que nossa vida espiritual deveria ser como um fogo ardente, e não apenas uma teoria, proclamando a importância de uma Igreja em chamas para uma verdadeira colheita de almas. Com essa visão, ao chegar em Matsue, iniciou encontros de oração na Missão de Matsue — congregação estabelecida por anglicanos japoneses —, que rapidamente experimentou um crescimento notável.

Em 1903, Buxton fundou a Japan Evangelistic Band (JEB), uma organização missionária que, além de reunir missionários, se tornou um verdadeiro berço de formação espiritual para jovens cristãos japoneses, os quais, inspirados por suas ideias, fundaram novas

CAPÍTULO 3

denominações, fundamentadas na santidade radical. Para Buxton, a missão não era apenas converter, mas transformar genuinamente os corações, levando as pessoas a uma nova compreensão da fé. Sua visão de Reino era uma fusão dos ideais ocidentais com as necessidades espirituais locais; e isso permitia aos cristãos japoneses se apropriarem de sua própria caminhada cristã.

Além disso, o missionário via o Espírito Santo como um guia infalível, e não hesitava em encorajar seus discípulos a se distanciarem de tradições limitadoras da liberdade de adoração. O verdadeiro avivamento só pode ocorrer quando há liberdade para que o Espírito do Senhor guie a adoração e a transformação espiritual. Em cada canto que tocou, Buxton não apenas plantou sementes de fé, mas também acendeu uma chama indelével, iluminando o caminho para aqueles que buscavam pela verdadeira essência do Evangelho.

Como Buxton muito bem revelou por meio da Japan Evangelistic Band e de seus escritos, o cristianismo não se limita a fronteiras geográficas ou denominacionais. Até hoje, a nação japonesa colhe os frutos da decisão do jovem britânico em seguir radicalmente o chamado de Cristo. Sua ênfase na experiência do Espírito Santo e seu trabalho também atraíram a atenção de estudiosos e teólogos que, anos depois, destacaram sua influência vital no cristianismo japonês, reconhecendo a importância de suas contribuições.

O **VERDADEIRO AVIVAMENTO** SÓ PODE OCORRER QUANDO HÁ LIBERDADE PARA QUE O **ESPÍRITO DO SENHOR** GUIE A ADORAÇÃO E A **TRANSFORMAÇÃO ESPIRITUAL**.

CAPÍTULO 3

A MAGNITUDE INIMAGINÁVEL

Quatro meses após o falecimento de sua mãe, um jovem chamado Hiroyuki vivenciou uma experiência sobrenatural nas ruas de Tóquio, que o conduziu, aturdido, até uma praça da cidade. Lá, deparou-se com centenas de pessoas reunidas, observando atentamente um homem branco sobre um caixote de madeira. Esse orador, que falava em inglês e era traduzido por um japonês, era membro da Japanese Evangelical Band (JEB), fundada por Barclay Buxton. Em 25 de novembro de 1928, Hiroyuki ouviu pela primeira vez o nome de Jesus e, ao abandonar o xintoísmo herdado de seu pai, tornou-se o primeiro cristão protestante de sua linhagem. A decisão de se consagrar ao Senhor custo-lhe muito; ele precisou renunciar ao conforto de seu lar após ser deserdado e abrir mão dos laços familiares que não apoiavam sua escolha.

Uma pequena igreja na capital japonesa o acolheu, proporcionando abrigo e a oportunidade de conviver diariamente com os líderes daquela comunidade. Ali, cresceu espiritualmente e no conhecimento teológico, e se casou com uma jovem chamada Kaoru, com quem teve filhos. Desde o início do matrimônio, ambos compartilhavam um ardente desejo de cumprir o chamado divino. Certa noite, o casal teve um sonho idêntico, no qual se viam em um vale de ossos secos[14]; porém, naquela visão, estavam em uma selva — um cenário bastante distinto de sua realidade no Japão. Pouco tempo depois, por intermédio de um irmão da igreja, eles receberam

O GATILHO

a revelação de que se tratava da Amazônia; e Hiroyuki, em meio a uma breve oração, ouviu pela primeira vez a voz audível e inconfundível de Deus, dizendo-lhe, com firmeza, que seriam enviados para esse lugar.

Atônito e com o coração acelerado, ele fixou o olhar no horizonte e notou um pequeno ponto no mar. À medida que o objeto se aproximava, percebeu tratar-se do navio transatlântico Kasato Maru, conhecido por seu papel fundamental na imigração japonesa ao Brasil. Aquela visão, sem dúvida, era uma confirmação inegável de que o chamado divino apontava para as terras brasileiras. Duas semanas depois, em 1934, ele e minha avó embarcaram no Kasato Maru, com sua primeira filha nos braços, e desembarcaram no porto de Santos. Sim, esse jovem era meu avô, Hiroyuki Hayashi! Graças à decisão transformadora de Barclay Buxton, ele teve a oportunidade de conhecer Cristo e, de maneira fervorosa, dedicou sua vida ao Evangelho, estabelecendo um legado de devoção e paixão pela Presença, que tem sido transmitido de geração em geração em minha família.

Ao compartilhar essas histórias, meu objetivo é mostrar como os planos de Deus transcendem, em todos os aspectos, nossos anseios pessoais, e como a decisão de seguir Cristo nos coloca em um caminho cujos impactos são, muitas vezes, incalculáveis. Em 1890, Barclay Buxton fez a escolha de dedicar-se à missão que o Mestre lhe confiou; o efeito dessa decisão impacta todos nós até a atualidade — sendo refletido, inclusive, na vida do autor do livro em suas mãos. A decisão de um único homem

CAPÍTULO 3

— que, em seu tempo, parecia uma escolha isolada — tornou-se em um legado que, ainda hoje, impacta vidas e comunidades. Consegue perceber como as decisões que tomamos podem transcender nossas histórias? Basta agir!

Sei que isso não é nada simples, já que implica, por sua própria natureza, em rompimentos — e isso gera desconforto. Quando nos movemos pela fé, essa realidade se intensifica, pois viver em total dependência da orientação do Senhor, conforme os princípios estabelecidos por Cristo, exige que renunciemos à ilusão de segurança proporcionada por este mundo, desafiando, assim, nossos instintos humanos. Contudo, pela Graça de Deus, enquanto travamos uma batalha constante contra nossa própria humanidade, o poder explosivo do Espírito Santo nos concede a ousadia necessária para avançar em direção ao nosso propósito.

Muitas vezes, podemos nos sentir hesitantes ou inadequados, pensando já ser tarde demais para fazer a diferença; no entanto, o que realmente importa é a nossa disposição para agir em direção ao que o Senhor nos entregou. Um simples passo de fé pode gerar ondas de transformação capazes de atravessar gerações e tocar em vidas que nem imaginamos. Ao decidirmos submeter nossas vidas ao governo de Deus e nos posicionarmos exatamente onde Ele deseja que estejamos, guiados pelo Espírito Santo, nossas decisões repercutem de forma extraordinária, tenhamos dez, vinte, trinta ou cem anos — porque Céu e a Terra passarão, mas Ele é Eterno.[15]

O GATILHO

COMBUSTÃO

PARTE 2

CAPÍTULO 4

PARA ONDE ESTAMOS INDO?

CAPÍTULO 4

Gosto da ideia de ser um herói aos olhos dos meus filhos, alguém que eles admiram, assim como admirei a minha mãe por toda a vida. Para mim e minha esposa, a educação pelo exemplo é um princípio inegociável, uma escolha que fazemos diariamente, fundamentada nos ensinamentos bíblicos. Sabemos que nosso comportamento e nossas atitudes falam mais alto do que qualquer palavra. Nossos filhos podem até fazer o que mandamos, mas irão replicar o que nós somos. No entanto, por mais que eu deseje ser essa figura impecável, sei que é impossível manter essa imagem o tempo todo, e é por isso que preciso ser honesto com eles: mais importante do que ser visto como herói, é fundamental que eles entendam que sou, antes de tudo, um filho de Deus, carente da Graça e misericórdia do Senhor, e, por isso, escolho andar na Verdade.

Quando chega o momento de cobrar deles um bom desempenho escolar, por exemplo, seria fácil criar uma narrativa heroica sobre a minha trajetória acadêmica e pintar um quadro de sucesso extraordinário, de esforço incansável e conquistas excepcionais, mas essa versão não seria verdadeira. Na realidade, minha jornada escolar foi bem comum. Eu sempre fui um aluno mediano, daqueles que dava motivos de preocupação para uma mãe muito exigente e nunca figurava entre os que se destacavam. Nunca reprovei, mas também não fui o "exemplo a ser seguido".

E é justamente por isso que, ao orientar meus filhos, o foco não está na perfeição ou em ser prodigioso, mas

O GATILHO

em ser constante e fiel ao que é certo. Esta é a mensagem que quero passar a eles: não a de um pai que teve uma trajetória brilhante, mas a de alguém que persevera e busca sempre o melhor, apoiado nos valores que realmente importam.

Aliás, quando penso na minha trajetória acadêmica, agradeço por ter crescido em uma era entre o mundo analógico e o digital, na qual a internet ainda não havia nos consumido por completo. Isso me deu um presente raro: tempo. Tempo para ler, tempo para me disciplinar na concentração, tempo para desenvolver hábitos que talvez, em tempos digitais, teriam sido facilmente esmagados pela tirania das distrações instantâneas. Se eu fosse um estudante nos dias de hoje, é quase certo que me entregaria de corpo e alma às facilidades tecnológicas, como o Summly — uma ferramenta que reescreveu as regras da informação e revolucionou o modo como consumimos conhecimento.

> **O FOCO NÃO ESTÁ NA PERFEIÇÃO OU EM SER PRODIGIOSO, MAS EM SER CONSTANTE E FIEL AO QUE É CERTO.**

Criado por um prodígio de apenas quinze anos, Nick D'Aloisio, o Summly utilizava inteligência artificial para condensar notícias longas, tornando a informação mais acessível para uma geração acostumada a consumir tudo de forma rápida. O feito de D'Aloisio rapidamente atraiu o interesse de grandes investidores, culminando na venda da ferramenta para o Yahoo!, em 2013, por impressionantes

CAPÍTULO 4

30 milhões de dólares.[1] Para muitos, o jovem gênio simbolizava o futuro da tecnologia e a essência de uma geração que estava crescendo imersa no mundo digital.

Mas até onde será que essa habilidade inata de dominar a tecnologia representaria uma vantagem definitiva para sua geração? Se, por um lado, a chamada Geração Z, com sua notável rapidez, flexibilidade e capacidade de adaptação, demonstrava-se preparada para enfrentar os desafios de um mundo cada vez mais interconectado, por outro, a profunda dependência tecnológica parecia criar novos obstáculos, cujas complexidades eram inimagináveis para as gerações anteriores.

Antes de adentrarmos nas reflexões deste capítulo, recorro à metalinguagem para solicitar uma pausa. Peço licença para avisá-lo de que você não encontrará, a seguir, histórias tão extraordinárias como as dos capítulos anteriores; de forma contrária, o objetivo, aqui, é mais árido e, talvez, menos confortável. Também quero tranquilizá-lo. Não pretendo apresentar um desfile de dados destinados a causar um impacto momentâneo, e sim iluminar a realidade presente e vislumbrar, com sobriedade, o futuro da Igreja.

Nos dias de hoje, ao mesmo tempo em que observamos igrejas ganharem milhares de seguidores nas redes sociais, grandes eventos reunirem multidões e "influenciadores cristãos" ditarem as tendências no espaço digital, também encontramos um panorama global sombrio. Enquanto acontece um crescimento exponencial do número de evangélicos, especialmente nas Américas e na

O GATILHO

Ásia, conflitos armados ocorrem na Europa e no Oriente Médio, além de crises civilizatórias aparentemente intransponíveis e tensões políticas em todos os quadrantes do planeta, um avanço incessante da violência e da corrupção, e o rompimento de fronteiras inimagináveis pela ciência. Ainda nesse compasso, o discurso ideológico da agenda *woke* ganha corpo e influencia esferas cruciais da cultura e da política contemporâneas.

Nesse cruzamento de forças, está o futuro; e, enquanto Igreja, devemos refletir sobre qual é o nosso papel diante desse cenário. Quais conhecimentos precisamos adquirir? Quais ações são necessárias para que nossa resposta não seja apenas reativa, mas eficaz e profética, orientada pelo Espírito Santo e firmada na Verdade absoluta de Cristo? O que devemos saber e fazer frente a essa situação? Acredito que, para aprofundarmos a reflexão a respeito dessas discussões, precisamos retomar a questão das gerações. As divisões geracionais nos ajudam a compreender as dinâmicas do comportamento humano ao longo do tempo, permitindo-nos investigar como diferentes grupos etários, moldados por influências culturais, tecnológicas, políticas e econômicas, reagem às transformações do mundo ao seu redor. Embora essa categorização não seja uma ciência exata, ela nos oferece um panorama para mapear as mudanças comportamentais e culturais que surgem a cada fase da vida social.

O Pew Research Center, um instituto norte-americano de pesquisas, delineia essas divisões da seguinte maneira: a Geração Grandiosa (nascidos antes de 1928),

CAPÍTULO 4

a Geração Silenciosa (1928-1945), os *Baby Boomers* (1946-1964), a Geração X (1965-1980) e os *Millennials* (1981-1996). A Geração Z, que sucede aos *Millennials*, abrange aqueles nascidos entre 1995 e 2010.[2] De acordo com a OCDE[3], desde 2019, a Geração Z já representa mais de 30% da população mundial, somando cerca de 2 bilhões de pessoas. Para colocar isso em perspectiva, somados aos *Millennials*, compõem a maioria da população global. Em contraste, os *Baby Boomers* e a Geração X, juntas, não chegam a 40%. Ou seja, a Gen Z está rapidamente dominando a sociedade; eles já estão tomando decisões em seus lares, influenciando suas comunidades e moldando as tendências de consumo. No cenário digital global, sua presença se destaca ainda mais, pois não se limitam apenas a consumir mídia, mas também a redefiní-nem continuamente, posicionando-se como os primeiros nativos digitais a transformar radicalmente a forma como o mundo acessa e usufrui de informação e entretenimento.

Pessoalmente, dou graças a Deus por ter encontrado Jesus de forma radical ao final do meu segundo ano na universidade, em um tempo em que as redes sociais nem sequer faziam parte de nossas vidas. Isso porque as renúncias que precisei fazer foram reais, palpáveis, e não restritas ao mundo virtual. Tive de deixar para trás relacionamentos, amizades e até mesmo o status de "maneiro" na faculdade. De repente, passei de alguém que circulava entre os populares para ser visto como o "esquisito", optando por um caminho de marginalização em vez de me manter na confortável categoria dos *cool kids*. Escolhi abraçar o processo da cruz, não como apenas uma metáfora, mas como uma realidade dolorosa, que exigia de mim uma transformação verdadeira, oriunda de uma renúncia.

Hoje, no cenário digital global, com o foco excessivo na estética virtual, é fácil projetar uma imagem que nem sempre reflete o interior. Na minha época, no entanto, sem a distração das redes sociais, erámos, de maneira indireta, coagidos a viver o que pregávamos, sem a possibilidade de maquiar as nossas falhas. Precisei sustentar minhas convicções, mesmo quando isso me custava algo — e custou bastante. Agora, no contexto atual, vemos uma elevação quase idolátrica da imagem virtual dentro da própria Igreja; mas será que esse culto à aparência está alinhado com a essência do Evangelho? Nossas comunidades estão realmente experimentando a *koinonia*[4] genuína? Temos nos reunido à mesa com nossos irmãos, partilhando da vida de forma profunda? O discipulado, aquele *tête-à-tête*, que exige proximidade e vulnerabilidade, ainda está sendo praticado?

A verdade é que a via da renúncia, tão central à fé cristã, raramente é glamourosa o suficiente para ser postada; no entanto, é justamente nela que o Evangelho floresce. Em um futuro bem próximo, a Geração Z assumirá posições de liderança em todos os setores — sociedade, economia, cultura e, claro, Igreja. Eles serão os arquitetos de nosso amanhã, e prepará-los para viver a verdade de Cristo, para além das limitações das mídias, é uma urgência que não podemos ignorar.

CAPÍTULO 4

UM CENÁRIO INTRIGANTE

Embora haja inúmeras semelhanças entre os *Millenials* e a Geração Z devido à proximidade etária entre os grupos, suas vivências foram moldadas por contextos parentais e temporais distintos, resultando em divergências significativas em seus estilos de vida e traços culturais. A exposição precoce da Gen Z à tecnologia, por exemplo, influenciou direta e profundamente sua visão de mundo e seu modo de vida. Crescendo rodeada por *smartphones* e imersa em mídias sociais, essa geração não apenas desenvolveu habilidades tecnológicas avançadas, mas também aprimorou sua capacidade de realizar múltiplas tarefas simultaneamente, em comparação aos seus antecessores.[5]

A capacidade de adaptação da Geração Z confere-lhes uma visão global mais aguçada, permitindo que naveguem com destreza em um mar de dados e possibilidades, enquanto os *Millennials* tendem a se concentrar mais em suas realidades locais. Outra característica distintiva dessa geração — que pode ser tanto uma oportunidade quanto um desafio — é sua fluidez em relação à identidade; a Geração Z mudou a maneira como entende suas próprias questões e como se relaciona com as pessoas ao seu redor. Além disso, tendo vivido crises financeiras nacionais durante a infância e adolescência, esses jovens foram despertados por um sólido senso de independência e um espírito empreendedor.

O GATILHO

Todavia, o outro lado da moeda revela alarmantes índices de estresse e depressão,[6] indicando uma fragilidade emocional que, combinada com as próprias inseguranças, configura um cenário intricado. Embora essa hesitação seja, em certa medida, justificada, gera uma ambivalência: os integrantes da Geração Z demonstram uma habilidade excepcional para discernir o autêntico do superficial; essa percepção crítica pode, entretanto, conduzi-los a uma desconexão nas interações humanas, pois a confiança exacerbada na tecnologia como ferramenta de conexão, ironicamente, contribui para o isolamento social, dificultando o desenvolvimento de relacionamentos significativos e duradouros.

A polarização, amplificada pelo fácil acesso à informação e pela proliferação de *fake news*, empurra muitos jovens para extremos, erodindo o espaço para diálogos construtivos e dificultando a construção de consensos. Nesse cenário digital, o fenômeno do "*burnout* virtual" surge como um subproduto inquietante. O tempo excessivo nas redes sociais entorpece a capacidade crítica e reflexiva da Geração Z, corroendo gradualmente sua saúde mental e sua clareza de pensamento. A enxurrada constante de estímulos e informações fragmentadas transforma a atenção em um bem raro e precioso; e, agora, saturada e distraída, essa geração tem enfrentado desafios imensos para manter o foco, comprometendo sua habilidade de perseguir metas e sonhos em longo prazo, e sendo, muitas vezes, tragada por níveis alarmantes de ansiedade e crises emocionais.

CAPÍTULO 4

Diante desse contexto, alguns estudiosos afirmam que a Geração Z seria a primeira geração verdadeiramente pós-cristã, formada em um ambiente em que os princípios bíblicos já não exercem a mesma influência de outrora. Vivemos na era da pós-verdade, na qual a noção de "verdade" passou a se conformar ao que sentimos e acreditamos sobre nós mesmos em detrimento do que a Palavra de Deus afirma. Essa mudança de paradigma vai além da simples verdade; na era da pós-verdade, também adentramos a era da pós-beleza — um novo contexto que relativiza o que é considerado belo e o que não é. Os padrões estéticos, que antes eram rígidos e imutáveis, agora se tornaram fluidos e subjetivos; aquilo que antes era visto como inaceitável pode, hoje, ser amplamente reconhecido e até celebrado pela sociedade. Por exemplo, o Halloween e muitos símbolos satânicos, que outrora geravam rejeição, são reinterpretados e frequentemente incorporados ao cotidiano.

Entretanto, mesmo moldada por essa cosmovisão pós-cristã, há algo surpreendente nessa geração: de forma paradoxal, ela possui o "músculo" mais missional da história recente, mostrando-se a mais disposta a dizer "sim" às missões e à Grande Comissão. A Geração Z se destaca como a mais evangelística de todas as épocas. Com uma abordagem autêntica e relacional, conecta-se com um público diversificado por meio de plataformas digitais e redes sociais, ressignificando o papel da fé em um mundo cada vez mais afastado de suas raízes cristãs.

O GATILHO

APENAS UMA IDENTIFICAÇÃO, NÃO UMA IDENTIDADE

O que, afinal, significa "crer"? Não se trata apenas de dogmas ou de verdades absolutas, mas de convicções profundas que tecem as estruturas do nosso ser. Nossas crenças não apenas moldam a forma como percebemos o mundo ao nosso redor, mas também como nos posicionamos nele, como nos entendemos em meio ao caos e à ordem. Elas são as lentes que influenciam as escolhas que fazemos, as relações que nutrimos e os caminhos que decidimos trilhar. Contudo, em meio à polifonia e informações que nos cercam, o significado de "crer" tem sido distorcido, trazendo à tona uma crise de identidade coletiva.

A Geração Z, especialmente, enfrenta essa realidade com uma intensidade singular. Em meio a questionamentos profundos, procura por uma identidade que atravesse a superficialidade. Embora muitos se autodenominem cristãos, a grande maioria não vive o cristianismo em sua prática diária, enraizado nas verdades eternas das Escrituras; de forma contrária, frequentemente se perdem na busca por algo que lhes pareça mais imediato, mais tangível. Essa geração caminha entre a dúvida e a crença, procurando por respostas em um mundo que lhes oferece cada vez mais perguntas, como demonstra a pesquisa *Global Youth Culture*[7], conduzida pela *One Hope* em 2020.

Após constatar que mais da metade dos entrevistados se declarava cristã, os pesquisadores perceberam

CAPÍTULO 4

que o cristianismo poderia ser uma identificação, sem necessariamente se traduzir em uma identidade — no entanto, essa identificação superficial não nutre uma relação íntima com a fé e seu Criador. Essa disparidade entre a crença professada e a vivência prática nos leva a refletir sobre o que significa, afinal, ser cristão em um mundo no qual as verdades são muitas vezes relativizadas. Quando as crenças são apenas etiquetas, sem um fundamento profundo, corremos o risco de construir identidades frágeis, suscetíveis às mudanças externas e internas.

Com o intuito de esclarecer melhor essa distinção, a equipe de pesquisa desenvolveu uma definição mais precisa para o que significa ser um cristão comprometido. Para um jovem ser enquadrado nessa categoria, então, não basta a declaração vaga; é preciso, também, abraçar um conjunto de crenças e comportamentos, como acreditar na possibilidade de um relacionamento pessoal com Deus; reconhecer Jesus como o Seu Filho; crer que o perdão dos pecados é alcançado exclusivamente pela fé em Cristo; afirmar que a Bíblia é a Palavra do Altíssimo; ler as Escrituras por conta própria, ao menos semanalmente, e dedicar-se à prática de oração, também com frequência mínima semanal.

Ao aplicar a definição de "cristão comprometido"[8] à Geração Z, a pesquisa revelou que, embora 43% dos adolescentes entrevistados tenham se identificado como cristãos, apenas 7% poderiam ser considerados verdadeiramente comprometidos com sua fé, sendo essa lacuna observada em todos os países abrangidos pelo estudo.

QUANDO AS **CRENÇAS** SÃO APENAS ETIQUETAS, SEM UM FUNDAMENTO PROFUNDO, CORREMOS O RISCO DE CONSTRUIR **IDENTIDADES FRÁGEIS**, SUSCETÍVEIS ÀS **MUDANÇAS** EXTERNAS E INTERNAS.

CAPÍTULO 4

Lacunas em perspectiva

Imagine um adolescente de hoje, imerso em um mundo digital, cercado por inúmeras versões do que é considerado "verdade". Para ele, as religiões se misturam em um caleidoscópio de possibilidades, sendo todas percebidas como igualmente válidas — ou essa é a crença da maioria. A ideia de uma verdade absoluta parece estar escorregando por entre os dedos dessa geração, que se sente mais atraída pela noção de uma verdade ajustável aos seus próprios desejos. Com exceção de um pequeno grupo de cristãos verdadeiramente comprometidos, muitos acreditam na subjetividade da verdade — ou seja, pensam ser algo que escolhem com a mesma facilidade com que se seleciona uma peça de roupa no armário, dependendo do que "cabe melhor" em determinado momento.

E o que dizer da Bíblia nesse cenário? Para grande parte desses jovens, as Escrituras são como um livro empoeirado na prateleira — ignorado, esquecido. Quase 40% dos adolescentes cristãos nunca abriram uma Bíblia, enquanto apenas 25% dedicam algum tempo à leitura semanal.[9] As razões para esse afastamento variam, mas se repetem: o Livro Sagrado lhes parece chato, ultrapassado, sem relevância para os dias de hoje. É como se a antiga sabedoria das Escrituras fosse um eco distante em um mundo repleto de distrações contemporâneas. Como, então, esses jovens podem conhecer profundamente a Cristo se não mergulham em Sua Palavra? Como podem

O GATILHO

encontrar um porto seguro em meio às marés culturais, sem uma âncora sólida para guiá-los?

A essa altura, o dilema já nos parece suficientemente claro, mas suas raízes vão ainda mais fundo. Ao longo dos séculos, a tradição ocidental desenhou uma linha nítida entre razão e fé, separando a ciência da religião. Nesse cenário, a Bíblia foi relegada a um papel secundário, como se seu valor estivesse em uma dimensão distante da produção de conhecimento responsável por fazer o mundo moderno girar. Dessa forma, os jovens da Geração Z, imersos nesse contexto, começaram a procurar por respostas em outros lugares. Longe das Escrituras, encontraram conforto em ideologias fugazes, que, no final, não preenchiam o vazio de suas perguntas mais profundas. A batalha, porém, não se limitou a isso.

No campo das identidades, outra luta silenciosa tem moldado os corações e as mentes dessa geração. Atualmente, metade dos adolescentes acredita que o gênero é uma questão de sentimentos, algo determinado por seus desejos pessoais. Para 10% deles, essa confusão sobre identidade de gênero é recente, e uma fração ainda mais surpreendente relata que se sentiriam mais autênticos se fossem de outro gênero, como se a verdadeira essência de quem são estivesse escondida por trás de uma identidade que não lhes pertence.[10] Com isso, surgem questões sobre atração sexual, embolando ainda mais esse emaranhado de confusão. Um em cada cinco adolescentes relata ter se sentido atraído pelo mesmo sexo recentemente. Esses sentimentos, já difíceis de lidar, são acompanhados por dados preocupantes, que mostram uma correlação dolorosa entre a atração por pessoas do mesmo sexo e tentativas de suicídio. Assim, a luta por identidade transcende o corpo, impactando a saúde mental de toda uma geração.

Em meio a essas tempestades internas, em que lugar esses jovens buscam por respostas? Felizmente, uma grande parcela ainda recorre aos pais para compreender o significado da vida; para muitos, a família continua a ser o porto seguro, o guia moral mais confiável. No entanto, quando se trata de assuntos mais delicados, como gênero e sexualidade, essa influência familiar enfraquece. Assim, eles procuram por orientação na internet, com seus conselhos rápidos, e em amigos dispostos a ouvi-los. Entre os cristãos, essa tendência é ainda mais preocupante. As fontes digitais superam, de longe, a influência dos pais, e quase nenhum jovem recorre à Bíblia ou a líderes espirituais quando confrontado com questões tão fundamentais.

A história desses jovens está sendo escrita em um tempo de incertezas, em que a verdade parece cada vez mais fluida e a busca por identidade se transforma em uma luta diária. Contudo, no âmago dessa geração, ainda há esperança — mas uma esperança que precisa ser nutrida pela Verdade imutável, uma verdade que não pode ser adaptada ao sabor das marés culturais: o Evangelho.

O GATILHO

E AGORA?

Ao olhar para a Geração Z, percebo que estamos diante de um panorama intrincado, quase inexplorado, em que as perguntas parecem se multiplicar a cada nova descoberta; e é exatamente nesse ponto que sinto a urgência que nos é imposta, como um lembrete de que não podemos nos permitir a complacência. Essa geração vive em um mundo desesperado por respostas rápidas, mas, paradoxalmente, enfrenta problemas que não podem ser resolvidos com a mesma agilidade. Portanto, a realidade descortinada à nossa frente não pode ser ignorada ou tratada com soluções simplistas.

Como Igreja, precisamos olhar para essa geração com olhos atentos, dispostos a compreender a complexidade de suas dores e dilemas, e refletir profundamente sobre nossas práticas, nossas abordagens e, acima de tudo, sobre o exemplo que estamos oferecendo. Mas qual caminho devemos seguir? Será que estamos prontos para trilhar a via da renúncia, da escuta ativa e do amor incondicional? Essa resposta não virá sem esforço ou sem um comprometimento real com a transformação. A responsabilidade de ser um farol de esperança e orientação em meio a essa confusão está sobre nós, e o tempo para agirmos é agora!

CAPÍTULO 4

Inerrante alicerce de transformação

Quando nós falamos, quase nada acontece; entretanto, quando Ele fala, tudo muda: o que não existia passa a ser, as nuvens se fixam no céu, os mares assumem forma, cor, sabor e som, e do solo emerge vida em abundância;[11] ossos secos se transformam em exércitos,[12] o luto é convertido em celebração,[13] o perseguidor se torna o perseguido[14] e o miserável é justificado.[15] Em suma, é só a voz de Deus que carrega o poder de criação. A morte não O silenciou e a Sua voz ecoa por toda a Terra, por isso, estou convicto de que, quando a Palavra de Deus se torna o alicerce para a ação, a transformação é uma questão de tempo.

Há diversas maneiras de comprovar isso; optei pela ciência para fazê-lo. Em 2009, o Centro de Engajamento com a Bíblia (CBE) realizou uma pesquisa científica para analisar os efeitos da leitura frequente das Escrituras, e o que descobriram foi extraordinário: aqueles que leem a Palavra pelo menos quatro dias por semana têm uma probabilidade significativamente menor de adotar comportamentos prejudiciais. A chance de se envolver com bebidas alcoólicas cai em 57%, a de ter relações sexuais fora do casamento em 68%, a de consumir pornografia em 61% e a de participar em jogos de azar em 75% — e isso ainda não é tudo. O estudo também revelou que esses mesmos cristãos são muito mais inclinados a se engajar em ações evangelísticas. Compartilhar a fé, por exemplo, é 228% mais provável, discipular outros,

O GATILHO

231%, e memorizar versículos bíblicos, 407%. Por outro lado, o impacto dessa prática é quase nulo para quem a faz de forma esporádica, de uma a três vezes por semana. A diferença só começa a ser sentida quando se torna um hábito.[16]

Portanto, embora existam muitos caminhos pelos quais possamos dialogar com a Geração Z, nenhum será tão eficaz quanto o envolvimento com uma Igreja comprometida, não apenas no conhecimento, mas também na prática das Escrituras e promovendo experiências com o Espírito Santo. Aqui, quando falo de Igreja, não me refiro apenas a grandes comunidades, mas a cada membro individualmente, como parte viva do Corpo de Cristo. Para que esse diálogo se torne realidade, é essencial que nós reassumamos nosso papel de produtores de conhecimento e de referência para essa geração.

Uma das marcas mais notáveis da Geração Z é sua adesão ao cientificismo — a crença de que o conhecimento deve ser validado por evidências científicas. Essa geração não se contenta com afirmações vagas; contrariamente, segue apenas aquilo que faz sentido à luz de suas próprias experiências e questionamentos. Diante desse cenário, a Igreja enfrenta o desafio de oferecer uma fundamentação além da superfície, que justifique com clareza e profundidade a fé e a esperança que a sustentam. Não basta acolher as dúvidas dos jovens, é preciso mergulhar nelas, apresentando respostas que dialoguem com as inquietações intelectuais dessa geração curiosa e cética.

CAPÍTULO 4

A forma de pensar da Gen Z, de modo geral, é marcada por uma abertura para múltiplas perspectivas e uma disposição para acolher diferentes interpretações do mundo. Isso exige de nós, enquanto Corpo de Cristo, uma comunicação assertiva sobre a singularidade de Jesus, estabelecendo uma distinção clara entre o que é universalmente verdadeiro e as maneiras pelas quais se conhece a Verdade. Mais do que nunca, é preciso enfatizar a manifestação da imutável Glória de Deus de forma relevante a uma geração em constante mutação. Para engajar essa juventude em diálogos profundos sobre quem é o Filho de Deus, precisamos construir laços autênticos, enraizados tanto no conhecimento das Escrituras quanto na vivência real do Evangelho. Eles não buscam apenas por respostas teóricas; querem ver essas respostas na prática, encarnadas no dia a dia. Assim, a cosmovisão bíblica não pode ser meramente conceitual, mas precisa ser testemunhada na vida daqueles que a proclamam, para que ressoe com a autenticidade tão valorizada por essa geração.

O toque do Fogo

Durante o processo de escrita deste livro, estive ministrando em Potchefstroom, a primeira capital da África do Sul e berço do apartheid, hoje, uma pequena cidade no coração do país. Lá, a 150 quilômetros da capital, testemunhei algo poderoso: o mover de Deus entre pastores veteranos e jovens ansiosos por Sua

O GATILHO

presença, famintos por algo que transcendesse o ordinário. Enquanto Ele Se manifestava com poder, não pude deixar de pensar na minha família, que estava em Recife. Cada vez que pregava, vinha à minha mente o desejo ardente de que os meus filhos, especialmente, estivessem comigo, vivendo e experimentando os mesmos momentos extraordinários com o Espírito Santo.

Ao voltar dessa jornada, acompanhado por meus filhos e esposa, fui à nossa igreja local para o culto dominical, no qual o profeta Judá Bertelli estava ministrando. No final de sua pregação, ele perguntou se alguém desejava receber o batismo do Espírito Santo. Naquele instante, olhei para os meus dois filhos mais velhos e perguntei se gostariam. Zach, meu primogênito, sem hesitar, disse que sim. Seus olhos brilharam, e ele correu para o altar. Foi o primeiro a se posicionar na frente do palco e, antes que qualquer palavra fosse dita por Judá, percebi algo: lágrimas já corriam pelo rosto de Zach. Lá estava, aos oito anos, sentindo a profundidade da presença de Deus, encharcado de uma emoção que ele mesmo não compreendia, limpando as lágrimas com uma das camisetas de futebol que tanto ama.

De longe, eu o observei, sentindo um misto de admiração e alegria. Quando Judá começou a orar, aproximei-me, impus minhas mãos sobre a cabeça de meu filho e me uni à oração. Então, algo indescritível aconteceu: Zach abriu a boca e, de forma inesperada, começou a falar em novas línguas. O Céu havia tocado a Terra, e o coração do meu filho ardia com uma intensidade que

CAPÍTULO 4

ele jamais havia sentido. A minha esposa, Junia, também orou com ele, e, mais tarde, ainda muito extasiado, meu menino tentou descrever o que sentia, dizendo que seu coração estava ardendo e, ao mesmo tempo, "estava leve e com tontura". Ele havia sido marcado pelo Espírito Santo.

Apesar de Zach pertencer à chamada Geração Alfa, nascido em uma era digital e nativo de um tempo que parece distanciado da profundidade — em todos os sentidos —, ele contrariou todas as previsões. Nada poderá apagar a realidade do que aconteceu naquela noite; as estatísticas podem nos mostrar os desafios do nosso tempo, mas jamais terão o poder de definir o futuro. Assim como Jesus carregava uma esperança incansável por cada alma, nós, como cristãos, precisamos crer que o nosso Senhor é maior que qualquer dado, maior que qualquer manchete. Ele é a esperança que transcende o tempo, e uma vez que o Seu Espírito nos toca, tudo pode ser transformado para sempre.

Não apenas um bom exemplo, mas um caminho

Em Atos 17, lemos sobre os bereanos, um grupo de cristãos que se destacava não apenas pela fé, mas por sua maneira singular de buscar a Verdade. Ao contrário de muitos que aceitavam passivamente ideias superficiais, eles se tornaram um exemplo de zelo e sabedoria, dedicando-se ao estudo diligente das Escrituras. Em uma época em que as autoridades eram frequentemente seguidas sem questionamento, adotaram uma postura crítica, examinando os textos sagrados com um olhar analítico e profundo. Essa abertura mental, longe de ser ingênua, era acompanhada por um discernimento aguçado, o qual lhes permitia filtrar novas ideias e ponderar suas implicações. Em uma sociedade marcada pela polarização e pelo dogmatismo, a curiosidade intelectual dos bereanos se destacou, pois não se contentavam apenas com o ouvir, mas buscavam entender as motivações e o contexto das verdades que encontravam.

Para eles, a fé não era um passaporte para uma vida sem desafios, mas uma jornada exigente. Assumindo a responsabilidade por suas próprias crenças, recusavam-se a permitir que outros interpretassem as Escrituras em seu lugar, enxergando a Bíblia não apenas como um texto, mas como uma fonte a ser vivida e experimentada. Nós, hoje, da mesma forma, enquanto navegamos pelas complexidades do mundo contemporâneo, devemos cultivar um senso de responsabilidade pessoal e desafiar o *status quo* para nos envolvermos com a Palavra de maneira profunda. Em tempos que clamam por líderes autênticos, a Geração Z busca por seguidores de Cristo que manifestem o poder de Deus e saibam dialogar de forma inteligente e saudável.

Entenda que, aqui, não estou, em nenhum nível, sugerindo uma adaptação da Palavra às demandas contemporâneas; pelo contrário, sublinho a urgência de um retorno à radicalidade do Evangelho, vivido em sua pureza e centralidade no Messias, conforme deve ser.

CAPÍTULO 4

Recorro às palavras do meu grande amigo, Davi Lago, em *Brasil Polifônico*:

> Precisamos de mais sal e menos ácido; de diálogos com menos estômago e mais cérebro. É necessário ir além de constatações banais como "o aumento do número de evangélicos não tem diminuído nossos problemas"; "a maioria dos evangélicos [...] é apenas nominal" [...]. Nós precisamos é de menos especialistas do óbvio e de teóricos do clichê.[17]

CAPÍTULO 5

A COLHEITA ESTÁ PRONTA

CAPÍTULO 5

"Evangélicos devem ultrapassar católicos no Brasil a partir de 2032", isso é o que diz a matéria publicada em uma das mais populares revistas brasileiras.[1] Nosso país, por séculos um reduto do catolicismo na América Latina, está a ponto de presenciar uma transformação sem precedentes em seu cenário religioso. À primeira vista, tal estatística poderia ser facilmente reduzida a mais um dado no vasto mar das pesquisas demográficas sobre fé; no entanto, como ocorre com todo ponto de inflexão, essa projeção contém implicações que vão muito além da frieza dos números, indicando uma possível reconfiguração na cultura do país.

O catolicismo não apenas moldou os valores e as tradições culturais, como também se enraizou profundamente nas instituições políticas, educacionais e sociais do Brasil. As imponentes igrejas barrocas, que ainda dominam nossas paisagens tanto nas grandes capitais quanto nas cidades do interior, são testemunhas dessa época. Contudo, enquanto essas estruturas majestosas permaneciam firmes e inalteradas, algo quase imperceptível começou a acontecer: o movimento evangélico ganhou força, crescendo de maneira orgânica e silenciosa.

Antes de se tornar o Brasil que conhecemos, este território já carregava uma narrativa traçada pelas ondas do Atlântico. Você se lembra da aula de História em que o professor contava sobre como Pedro Álvares Cabral e sua tripulação avistaram o Monte Pascoal em 1500? Quando chegaram aqui, os portugueses trouxeram consigo não apenas malas e o desejo por iguarias indianas, mas uma forte cultura católica. Assim, ao estabelecerem o reino de Portugal no Brasil, no dia 26 de abril daquele ano, a primeira missa celebrada em solo brasileiro pelo frei Henrique de Coimbra marcou o início de uma nova era para terras que, até então, desconheciam o nome de Jesus.[2]

Os missionários jesuítas, com sua intensa missão de catequização dos povos indígenas, introduziram a "fé cristã" como parte indissociável da identidade social e cultural do Brasil colonial. Coloco a expressão "fé cristã" entre aspas porque, embora o catolicismo se fundamentasse na doutrina cristã, sua prática frequentemente se distanciava dos princípios do Evangelho. Muitos comportamentos repudiados pela Palavra eram comuns, como a dizimação dos indígenas, a escravização dos negros e o abuso sistemático de mulheres, consolidando um "cristianismo" dissonante entre discurso e prática e produzindo uma fé disfuncional. Apesar disso, como religião oficial da Coroa, o catolicismo dominou o cenário religioso por séculos, praticamente sem oposição; até a chegada de um grupo de homens no país, responsáveis por alterar esse panorama.

OS PROFETAS DE CÉVENNES

Em 7 de março de 1557, um pequeno navio ancorou nas águas da Baía de Guanabara, no Rio de Janeiro.[3] A bordo, estava um grupo de homens com a esperança de um novo começo. Eles eram huguenotes, protestantes

CONTUDO, ENQUANTO ESSAS **ESTRUTURAS MAJESTOSAS** PERMANECIAM FIRMES E INALTERADAS, ALGO QUASE IMPERCEPTÍVEL COMEÇOU A ACONTECER: O **MOVIMENTO EVANGÉLICO** GANHOU **FORÇA**, CRESCENDO DE MANEIRA ORGÂNICA E SILENCIOSA.

O GATILHO

franceses seguidores de Calvino, fugidos da França que, na época, havia se tornado um campo de batalhas religiosas. Imagino que o massacre dos seus irmãos na Noite de São Bartolomeu[4] ainda ecoava em suas memórias... assim, aqueles homens tinham a esperança de encontrar nessa terra — até então, desconhecida — a tão almejada liberdade.

Com a revogação do Édito de Nantes, o Rei Luís XIV impôs a reunificação religiosa da França sob o catolicismo, proibindo o protestantismo e iniciando um período de intensa perseguição. Nessa atmosfera de repressão e violência, surgiram alguns profetas — os huguenotes — entre as comunidades protestantes no sul da França, em Cévennes. Em sua maioria jovens e mulheres, eles falavam em línguas desconhecidas e profetizavam sobre a libertação do povo huguenote e o fim das perseguições, crendo que Deus era Quem estava intervindo nos eventos da época e guiando seus seguidores por meio das profecias.

No Brasil, sob a liderança do vice-almirante Nicolas Durand de Villegaignon, esses reformados buscavam não apenas refúgio, mas um lugar onde pudessem, finalmente, adorar ao Senhor livremente. Seus corações ansiavam tanto por isso que, apenas três dias após sua chegada no país, em 10 de março de 1557, realizaram no Rio de Janeiro o que seria o primeiro culto evangélico em solo brasileiro — e, possivelmente, nas Américas —, em um evento simples, mas carregado de significado. Infelizmente, essa paz não durou muito, pois as

CAPÍTULO 5

diferenças teológicas entre Villegaignon e os huguenotes logo apareceram, principalmente no que diz respeito aos sacramentos; assim, tão rápido quanto chegaram, foram forçados a partir.

Expulsos da ilha onde haviam se estabelecido, aqueles homens viram-se, mais do que novamente caçados, condenados à morte. Em 1558, Villegaignon ordenou o enforcamento dos que não conseguiram escapar, e eles tiveram seus corpos precipitados de um despenhadeiro; contudo, antes desse fim trágico, os huguenotes foram forçados a professar sua fé por escrito. Dessa forma, deixaram como sua última mensagem para o mundo "A confissão de fé da Guanabara" — o primeiro documento desse tipo nas Américas, escrito por homens cientes de que suas assinaturas selariam não só suas convicções, mas também suas sentenças.

Embora assassinados por sua fé, a crença dos primeiros martirizados do Brasil não foi enterrada junto com eles. O sangue derramado nas terras brasileiras regou o solo para o que viria a ser o florescimento do protestantismo no país. Cerca de 300 anos depois, em 1855, os primeiros missionários congregacionalistas desembarcaram no Brasil.[5] Já em 1859, foi a vez dos presbiterianos, que estabeleceram

> **O SANGUE DERRAMADO NAS TERRAS BRASILEIRAS REGOU O SOLO PARA O QUE VIRIA A SER O FLORESCIMENTO DO PROTESTANTISMO NO PAÍS.**

a Primeira Igreja Presbiteriana no país, abrindo portas para a chegada de outras denominações protestantes.[6] Em 1867, os metodistas também fincaram suas raízes,[7] seguidos pelos batistas, em 1881.[8] Mas, agora que essa fé ganhou força na contemporaneidade, como ela moldará o destino das próximas gerações? O que esse novo capítulo, com a ascensão da maioria evangélica no Brasil, escreverá na História do país?

LIBERDADE E FRATERNIDADE?

Para refletirmos sobre o futuro da fé cristã, eu o convido para uma jornada ao passado, mais precisamente ao final do século XVIII, durante o período compreendido entre 1789 e 1799 — a era da Revolução Francesa[9]. A Revolução de 1789 é frequentemente retratada como o ponto de ruptura entre o Antigo Regime e o mundo moderno, tendo como lema principal "Liberdade, igualdade, fraternidade". Embora a parte conhecida seja sobre reis decapitados, guilhotinas em praça pública e o fim do feudalismo, por trás desse conflito político e social há uma narrativa menos comentada: o choque inevitável entre o espírito revolucionário e a tradição cristã.

A Reforma pode ser considerada a primeira revolta milenarista da era moderna, conforme afirma Paul Johnson.[10] Ela carregava as marcas de antigas revoluções, como a de Münster nos anos 1520, e ecoava elementos medievais ao mesmo tempo em que antevia o surgimento das doutrinas de Karl Marx e Mao Tse-tung. Era um

CAPÍTULO 5

movimento influenciado pelo classicismo renascentista, refletido na tentativa do imperador Juliano de restaurar o paganismo imperial. Em meio a essa efervescência, um homem chamado Cadet de Vaux decidiu erguer um altar diferente; um "altar patriótico", adornado com "símbolos de liberdade", retratos de "heróis revolucionários", como Lafayette, e versos de Voltaire. Os revolucionários, em sua maioria deístas, acreditavam em um criador distante, que governava o mundo com leis naturais, longe das tradições religiosas — especialmente as católicas. O patriotismo e o culto à fraternidade eram exaltados, como no "Templo da Amizade", onde cada cidadão era convocado a declarar os nomes de seus amigos, como uma nova forma de "santidade".

Entretanto, essa busca pela nova ordem estava entrelaçada com a brutalidade e a frieza da guilhotina. Em outubro de 1793, quando em Rheims, os revolucionários celebraram a destruição do frasco de óleo sagrado que, um dia, havia coroado os reis — um ato que simbolizava a ruptura definitiva com o catolicismo. Entre os líderes da descristianização, havia ex-clérigos traindo a própria fé. Joseph Lebon, por exemplo, proclamava ideias revolucionárias vindas dos Evangelhos, e que, segundo ele, se voltavam contra os ricos e os sacerdotes. As igrejas, outrora santuários, foram profanadas, e as cerimônias religiosas se tornaram paródias grotescas.

Pouco tempo depois, o Festival da Razão tomou conta da Catedral de Notre-Dame, convertendo o espaço sagrado em um "Templo da Razão". Montanhas

O GATILHO

cenográficas e altares dedicados à Filosofia preencheram o espaço, na tentativa de colocar a razão humana no lugar de Deus — o que é impossível. Por fim, em 1795, ocorreu a separação formal entre a Igreja e o Estado. Contudo, a violência desenfreada da descristianização não conseguiu erradicar o cristianismo; de forma contrária, fortaleceu suas raízes. Pouco tempo depois, a ideia de que o Estado precisava de uma religião para garantir a ordem social começou a se firmar na mente dos revolucionários, abrindo caminhos para a reconciliação napoleônica com a Igreja Católica — um retorno inesperado à tradição. Apesar disso, é importante termos em mente que a fé não pode ser sustentada pelo Estado; a verdadeira essência da fé cristã não depende de estruturas governamentais. Ao compreender que o Reino de Deus transcende os limites deste mundo, entendemos, também, sua realidade interna e individual. É somente a partir do novo nascimento em Cristo que a transformação acontece.

A "Revolução da Liberdade", nesse contexto, preparou o terreno para o surgimento de diversas ideologias contemporâneas distantes da verdade bíblica. O cenário atual, por exemplo, repleto de ideologias como a agenda *woke*, o humanismo e a chamada "era da pós-verdade" é fruto de um mundo alheio às verdades absolutas. Essas correntes, embora diferentes em nomenclatura, compartilham uma raiz comum: o relativismo moral, responsável por diluir os conceitos de certo e errado. O filósofo Nietzsche já se debruçava sobre a narrativa de um mundo em que as verdades eram questionadas, e a Revolução Francesa intensificou essa crise de significados, erodindo as bases do que entendíamos como moralidade. Esse humanismo secularista ainda ressoa em nossos dias, resultando em uma sociedade sustentada por valores moldados pela conveniência.

ACORDA, TU QUE DORMES

A palavra *woke*, em sua tradução literal, significa "acordado". No entanto, ao longo dos anos, esse termo sofreu uma metamorfose, adentrando o campo político e assumindo uma nova identidade. Agora, é o termo utilizado para designar os "despertos" para as questões sociais de nosso tempo. Nos últimos anos, ativistas progressistas adotaram a cultura *woke* como um estandarte, utilizando-a para abordar uma gama de pautas, desde questões de gênero até desigualdade social e direitos das minorias.[11] À primeira vista, pode parecer uma ideologia inofensiva, mas essa corrente cultural se entrelaça com os princípios do marxismo cultural e, em muitos aspectos, representa uma erosão dos valores cristãos.

O vocábulo também é usado para descrever os adeptos ao relativismo moral e às políticas progressistas, como a ideologia de gênero. Em graus variados, pensadores como Karl Marx, Friedrich Nietzsche, Michel Foucault e Jean-Paul Sartre defendiam o relativismo moral, amplamente influenciados pelos efeitos da Revolução Francesa, postulando que os conceitos de certo e errado não são absolutos, mas dependem de perspectivas culturais e pessoais. Assim, a cultura *woke* rejeita a existência de realidades universais e objetivas, como masculinidade, família e liberdade de expressão, promovendo uma visão de que "é proibido proibir" e contrariando os fundamentos da Filosofia Ocidental, especialmente o pensamento aristotélico-tomista[12], sustentado pela noção de que o intelecto humano é capaz de discernir a essência das coisas e descobrir leis universais, aplicáveis tanto à física quanto à moral, como os princípios de justiça, liberdade e propriedade.

A agenda *woke* está ganhando cada vez mais força em todas as esferas da sociedade. Em 2022, por exemplo, a deputada norte-americana Alexandria Ocasio-Cortez criticou colegas por não utilizarem o termo "latinx" — linguagem de gênero neutro.[13] Para ela, tanto o gênero quanto a linguagem são conceitos fluidos, os quais não deveriam ser fonte de controvérsia, mas sim de entendimento e inclusão. Esse cenário de debates acalorados também se manifesta em solo brasileiro. Durante um fervilhante embate entre os candidatos à Prefeitura de São Paulo, em setembro de 2024, o candidato Pablo Marçal não perdeu a oportunidade de se dirigir ao seu rival de extrema esquerda, Guilherme Boulos, com um toque de ironia, chamando-o de "Boules", como uma alusão ao momento em que Boulos apresentou o Hino Nacional em uma versão que incorporava a linguagem neutra durante um evento de campanha.[14]

CAPÍTULO 5

Talvez a ironia não seja a ferramenta mais eficaz no combate a essa questão, mas o crescimento dessa tendência deve ser enfrentado. Em todas as esferas, temos sido testemunhas dos impactos contundentes do "wokismo". Na audiovisual, por exemplo, a nova trilogia de *Star Wars*[15] retrata Luke Skywalker, outrora um herói em busca de autossuperação, como um homem fraco e sentimental. Em contraste, a protagonista Rey parece herdar habilidades extraordinárias sem a necessidade do tradicional treinamento ou sabedoria dos ancestrais Jedi. Em uma cena emblemática, o mestre Yoda destrói os livros sagrados dos Jedi, sugerindo que o passado e suas tradições são irrelevantes, pois a nova geração já detém toda a sabedoria necessária.

Ao confrontar essa realidade, lembro-me das minhas tardes de infância, quando assistia aos filmes do Incrível Hulk[16], um ícone de força, masculinidade e proteção. Naqueles tempos, ele era uma imagem de bravura; no entanto, os ventos do wokismo agora sopram intensamente nas narrativas, moldando até mesmo os super-heróis. Na série She-Hulk[17], por exemplo, o Hulk original é "desconstruído" e apresentado como um homem sensível e delicado. Em contraste, os filmes sobre princesas, que encantavam minha irmã com suas personagens delicadas, vaidosas e sensíveis em um universo de sonhos, agora mostram princesas "valentes" e "que se bastam". Um outro exemplo é o filme Cinderella[18], em que a fada madrinha é retratada como um personagem homem homoafetivo.

O GATILHO

Como se não fosse o bastante, em 2024, durante as Olimpíadas de Paris, em uma cerimônia aberta, com uma audiência global estimada em 2,5 bilhões de pessoas, os organizadores optaram por exibir perversões, exaltando a sexualidade e promovendo ideologias progressistas. Um exemplo gritante foi a representação de um *ménage à trois* bissexual, além da exaltação de figuras transsexuais e de *dragqueens*. A França, outrora berço de grandes expoentes do cristianismo, como João Calvino, revelou ao mundo que se distanciou de suas raízes cristãs e abraçou um racionalismo que, paradoxalmente, revela-se irracional em diversos aspectos. O racionalismo francês, ao tentar afastar a fé cristã e abraçar o secularismo absoluto, parece ter aberto as portas para um sistema de crenças que rejeita muitos dos próprios valores defendidos pela França contemporânea — o islamismo radical.

Sob o manto da laicidade, fundado em ideais iluministas, o Estado francês evita indagações sobre a fé de seus cidadãos, e a própria Constituição proíbe o censo de perguntar sobre a religião, em nome da igualdade. No entanto, estimativas extraoficiais indicam que há, aproximadamente, oito milhões de muçulmanos na França — cerca de 12% da população. Essas são apenas algumas consequências dessas agendas, que promovem ataques diretos a Jesus, expondo claramente a influência espiritual por trás de suas pautas.

CAPÍTULO 5

A quem pertence o futuro?

Historicamente, é um fato amplamente reconhecido que a oposição à Igreja frequentemente emana de forças políticas ou acadêmicas, as quais abertamente promovem valores antagônicos ao cristianismo. No entanto, nesse cenário, há ainda algo sutil a ser percebido: como nossas crianças, a Geração Alfa, um grupo contemporâneo à Geração Z, está imerso em uma sociedade impregnada pela cultura *woke*. Composta pelos nascidos entre 2010 e 2024, essa geração representa o início de uma nova era, repleta de nativos digitais, cercados por inteligências artificiais. O que as aguarda ainda está fora da nossa atual compreensão. Especula-se que, no futuro, cerca de 2/3 das crianças do ensino fundamental estarão empregadas em profissões ainda inexistentes, segundo o World Economic Forum.[19]

Como pai de quatro filhos da Geração Alfa e líder eclesiástico, percebo que as peculiaridades e os desafios que definem a Geração Z tendem a se intensificar nessa nova geração, possivelmente os distanciando ainda mais em relação a Cristo. Eu e minha esposa pensamos muito sobre isso, já que certamente os nossos filhos sentirão na pele os efeitos dessas ideologias. Por isso, somos extremamente e minunciosamente intencionais na criação deles, sempre os direcionando à cosmovisão cristã.

Atualmente, estamos vivendo em Recife. Antes de fazer as malas e partirmos, decidimos que nossos filhos, pela primeira vez, seriam matriculados em uma escola

O GATILHO

secular. Uma mudança e tanto, confesso. Então, um mês antes do grande dia — o primeiro dia de aula —, resolvi que era hora de ter "aquela conversa" com meus dois filhos mais velhos, Zach, de oito anos, e Koa, de sete. Enquanto assistiam à TV despreocupados na sala de estar, pedi para desligarem a televisão, e eles, obedientes como sempre, ajeitaram-se no sofá com a expressão clássica de quem está prestes a ser chamado no tribunal. A curiosidade e o nervosismo estavam visíveis em seus rostos, misturados em doses quase iguais — confesso, porém, que estava mais nervoso do que eles; sabia que o papo exigiria uma seriedade raramente encontrada em uma tarde comum.

"Vocês sabem de onde vêm os bebês?" — soltei a bomba com toda a naturalidade que minha voz conseguiu fingir naquele momento. Sem perder um segundo, um deles respondeu, prontamente: "Da barriga da mamãe!". Então, tentando aprofundar um pouco, perguntei como exatamente isso acontecia. A resposta? "Da sementinha que Deus coloca na barriga da mamãe". Simples assim. Quando indaguei de onde havia tirado aquilo, a resposta foi um golpe certeiro: "Foi você quem me ensinou". Exatamente! Eu já havia falado sobre esse assunto antes, mas, agora, com o novo cenário da escola secular, precisaríamos ir além.

Respirei fundo e comecei a explicar sobre o nascimento dos bebês, gerados quando um homem e uma mulher se unem — no casamento, é claro. Fiz questão de sublinhar: **somente no casamento**. Os olhares de confusão se intensificaram. Continuei, mencionando

CAPÍTULO 5

"algo chamado 'sexo'", e fiz uma pausa dramática, para deixar claro que isso também só deveria acontecer após o matrimônio. As testas franzidas eram o sinal de que estavam processando o que ouviam. Segui explicando, da maneira mais simples possível, sobre como Deus projetou o homem para carregar uma semente especial, a qual era "plantada" na mulher. Meus filhos ouviram com paciência, e, quando finalmente terminei, fizeram perguntas muito engraçadas, que nos fizeram rir juntos, aliviando um pouco o clima. A conversa foi surpreendentemente leve — até divertida. Apesar disso, o meu objetivo era sério: queria ser o primeiro a abordar essas questões com eles, para que, quando a escola viesse com suas teorias, já tivessem uma base sólida.

A Geração Alfa está sendo criada por pais *Millennials*, e sendo influenciada pela Geração Z. Esses jovens admiram figuras como jogadores de futebol e cantoras pop, mas em seu contexto familiar, convivem com pais criados em um mundo um tanto quanto diferente. O desafio, portanto, é equilibrar essa nova realidade com uma educação cristã sólida em casa, que não se restrinja a uma fé nominal, mas incentive um compromisso genuíno com os valores do Evangelho em um mundo sob a influência do Maligno.

A Geração Alfa é complexa por questões diversas, mas interligadas. Para começar, muitas crianças dessa geração estão crescendo em lares com uma fé cristã nominal, carecendo de uma visão de mundo bíblica consistente. Algumas pesquisas indicam que, embora 67% dos pais norte-americanos de pré-adolescentes se identifiquem como cristãos, apenas 2% possuem uma visão de mundo fundamentada nas Escrituras. A maioria dos pais (94%) cria seus próprios sistemas de crença personalizados, selecionando apenas o que consideram mais atraente.[20]

Além disso, essa nova geração recebe aprendizados personalizados e autodirigidos, em um ambiente que preza pela autonomia. Se, outrora, a educação estava intrinsecamente ligada a instituições formais, hoje, as crianças adquirem conhecimento além de somente nas salas de aula, desconstruindo as estruturas tradicionais. A Geração Alfa está crescendo em um mundo saturado de novidades e fácil acesso à informação, e pode muito bem se tornar a geração mais consciente dos escândalos que cercam a Igreja. Por isso, educá-los em uma fé sólida, capaz de resistir aos desafios do mundo moderno, é uma missão desafiadora e, ao mesmo tempo, urgente.

O Elefante Branco

A Igreja, uma entidade que deveria ser sinônimo de conforto e esperança, encontra-se atualmente abalada por crises e escândalos pessoais, que, infelizmente, ressoam na comunidade de fé. Como é expresso em Hebreus 12.26-27, o Senhor promete um abalo não só de proporções terrenas, mas com magnitudes celestiais. Nós estamos testemunhando, nos dias atuais, uma convulsão espiritual, na qual as fragilidades e os excessos estão sendo expostos, para que permaneça o que não

CAPÍTULO 5

pode ser abalado. Esse não é um momento de coincidências, mas um tempo preparado por Deus para confrontar toda a solidez das estruturas erguidas sobre areia. Diante disso, quem é que "pega a bucha"? Não são os líderes com décadas de experiência, pois estes já estão perto do fim de suas carreiras, e sim aqueles entre os 30 e 40 anos, agora em posição de liderança.

Ouvindo a voz das vítimas, não podemos ignorar as feridas de nossos irmãos e irmãs na fé. Durante esses tempos de crise, o foco frequentemente se perde nas vítimas e nos que estão lutando. É exatamente o que Jesus faria: Ele caminharia em direção aos sofredores. Assim como em um divórcio, o silêncio da dor coletiva de uma comunidade pode ser ensurdecedor. Quando as famílias enfrentam desgraças, as crianças, em sua dor e confusão, geralmente se retiram para chorar sozinhas, sem ninguém para guiá-las em meio ao trauma; o mesmo acontece com os membros da Igreja. Sem uma abordagem pastoral honesta e direta, muitos estão se desanimando da fé e se deparando com o desafio de como viver a crença cristã no mundo pós-moderno.

Os escândalos sempre existiram — prova disso é a menção de Jesus em Mateus 18.7 —, porém, na era digital, a facilidade de acesso a esses eventos desafia nossa percepção do Corpo de Cristo. Diferentemente do esperado, esses escândalos não são apenas rumores; estão amplamente documentados e acessíveis a todos. No entanto, em vez de ouvirmos as vozes apostólicas — que deveriam se destacar nesse cenário —, há um vácuo

O GATILHO

sendo preenchido por "justiceiros" digitais, muitos dos quais carecem da experiência pastoral necessária. Esses indivíduos, aproveitando-se da falta de uma liderança sólida, erguem-se como autoridades, mesmo sem jamais terem sido líderes de congregações.

O resultado desse colapso de confiança é alarmante. Dados recentes revelam que 14% dos evangélicos em São Paulo se consideram "desigrejados" — uma estatística ainda mais preocupante entre os jovens, entre os quais essa porcentagem salta para quase 50%.[21] O que isso significa para o futuro da Igreja? Desde a apostasia e o afastamento total da fé até a crença de que basta ser um mero frequentador de cultos, sem o compromisso e a conexão exigidos em uma comunidade cristã. O fenômeno dos desigrejados, em sua essência, manifesta um profundo descontentamento com a natureza da Igreja contemporânea, que, em sua visão, está desvirtuada em relação à sua função comunitária e à missão de serviço. Mas eles não estão sozinhos... Ao lado dos desigrejados, estão os ex-vangélicos[22], um segmento significativo da população que não mantém mais vínculos com a fé cristã. De acordo com os dados mais recentes do censo do IBGE,[23] aproximadamente 4 milhões de brasileiros se enquadram nessa categoria, pois concluíram que o cristianismo "não funcionava mais" em suas vidas.

Essa desconexão entre os ensinamentos cristãos propicia uma insatisfação crescente com as instituições religiosas. Essa percepção, difundida especialmente entre os jovens da Geração Z, desafia a legitimidade da

CAPÍTULO 5

mensagem bíblica e indica a urgência de uma reflexão crítica sobre a autenticidade e a aplicabilidade do Evangelho em um mundo em constante transformação.

Além de tudo isso, ainda precisamos lidar com a figura do crente dualista — ou seja, aquele que divide o mundo em sagrado e secular, alimentando uma relação ambivalente com a prática da fé. Essa segmentação gera a chamada "púlpitofobia", uma resistência a buscar ou aspirar por uma liderança eclesiástica, tendo em vista a falta de representatividade nos discursos que não integram as nuances da vida cotidiana. Essa rejeição ao ministério e a aversão a uma abordagem tradicional da fé resultam em um enfraquecimento das vozes capazes de oferecer direção e propósito à comunidade cristã.

Diante da intersecção desses fatores — a crescente insatisfação dos ex-vangélicos, o movimento dos desigrejados e a dualidade na vivência da fé —, a Geração Alfa surge como uma força catalisadora de um movimento de decadência cristã, tanto no Brasil quanto globalmente. Essa nova geração pode ser marcada por questionamentos como "o Evangelho não é efetivo", "vocês tinham recursos e oportunidades, mas não fizeram nada, por que iríamos fazer?", perpetuando um ciclo vicioso: a falta de experiências transformadoras com o Espírito Santo, a escassez de referências na Igreja e uma compreensão bíblica sólida, que alimentam a desilusão e a apatia. Portanto, precisamos escolher entre permanecer inertes ou agir com determinação para evitar a consolidação dessa era de desencanto.

O GATILHO

A GERAÇÃO PRÉ-AVIVAMENTO

Ao refletirmos sobre as histórias dos grandes avivamentos, percebemos que todos aconteceram a partir de um posicionamento intencional e radical da Igreja diante de contextos aparentemente impossíveis. No final do século XIX, por exemplo, a Coreia enfrentava uma série de crises sociais e políticas. O país, então, sob domínio da dinastia Choson, lidava com a pressão da invasão estrangeira e com a influência crescente das potências ocidentais, o que gerou tensões internas e um sentimento de desespero entre a população. A pobreza e a opressão eram constantes, e as tradições confucionistas predominantes estavam em declínio. Nesse cenário, as missões cristãs começaram a penetrar na sociedade coreana.[24]

O avivamento coreano teve seu auge entre 1907 e 1910, e foi marcado por uma intensa busca espiritual. No final de dezembro de 1906, enquanto a atmosfera festiva do Natal envolvia todo o restante do mundo, a Coreia era invadida por uma onda de expectativa espiritual. Poucas semanas antes, relatos de avivamento e transformações espirituais haviam se espalhado por meio de vozes missionárias, vindos de países como Gales e Estados Unidos — especialmente de Los Angeles. Essas histórias acenderam uma chama por avivamento entre os coreanos, despertando uma fome intensa pelo Espírito Santo.

A Coreia, um país que ainda respirava os resquícios de uma divisão histórica, uniu-se, então, em oração, tendo a capital Pyongyang como o epicentro desse

CAPÍTULO 5

movimento. Os coreanos começaram a se reunir para clamar ao Senhor, implorando por um derramar do Espírito Santo e uma renovação em suas vidas e comunidades. A princípio, as reuniões eram breves, mas rapidamente transformaram-se em vigílias com duração de horas e, eventualmente, dias. O clamor por avivamento tornou-se tão intenso que, por fim, a comunidade se viu em um ciclo de oração fervoroso, o qual perdurou mesmo durante as festividades de Natal e Ano Novo.

No início de janeiro de 1907, em uma dessas reuniões, um dos presbíteros, com a voz tremendo de emoção, revelou à comunidade que fizera uma promessa a seu melhor amigo — um presbítero muito querido —, quando em seu leito de morte, prometendo cuidar de sua esposa viúva e de seus filhos, e gerir, com responsabilidade, os recursos da família. No entanto, confessou com lágrimas nos olhos que, desde então, havia se deixado levar pela tentação e roubado o dinheiro da família. Essa confissão sincera reverberou pela sala, iniciando um momento de arrependimento coletivo. À medida que suas palavras ecoavam, outras pessoas levantavam as mãos, dispostas a se confessarem aos irmãos. As confissões públicas de pecados não apenas expuseram a fragilidade humana, mas também abriram as portas para um poderoso derramar do Espírito Santo.

Na cidade de Wonsan, um grande movimento de oração e arrependimento tomou forma, levando multidões a se reunirem para clamar a Deus. Esse fervor espiritual gerou conversões e uma enorme mudança social,

O GATILHO

promovendo a educação, a igualdade de gênero e a justiça social. A Igreja se tornou um espaço de resistência e esperança, formando líderes que viriam a desempenhar papéis cruciais na luta pela independência da Coreia, em 1945.

Da mesma maneira, o avivamento que transformou Fiji começou com um movimento intenso de oração.[25] Na Oceania, o arquipélago era marcado por conflitos internos, especialmente guerras tribais e rivalidades entre clãs, afetando profundamente as vidas sociais e espirituais dos nativos. Assim, também no século XIX, o avivamento fijiano começou a ganhar força, alcançando seu ápice na década seguinte, impulsionado por líderes nativos, como o pastor C. W. Newbury, que inspiraram a população a se voltar para a oração e a buscar por uma vida transformada em Cristo. A conversão em massa levou à abolição de práticas tribais violentas e à promoção de valores como a paz, o amor e a justiça. A Igreja se tornou um pilar central na vida social, promovendo a educação e a unidade entre as diferentes tribos fijianas.

Eu sei que, diante dos tantos desafios aqui expostos, é fácil acreditar que estamos perdidos; mas não se deixe enganar. O Inferno deseja implantar esse pensamento em nossas mentes — e, talvez, muitos cristãos já o carreguem dentro de si; mas estou compartilhando essas histórias para desmistificar a ideia de que a Igreja está condenada ao fracasso, pois, ainda que as pessoas falhem — e vão falhar —, os planos do Senhor para a Sua Noiva permanecem firmes e intactos. Nós precisamos compreender a raiz de todos esses desafios sociais e ideológicos: um

CAPÍTULO 5

mundo perdido, no qual o pecado permeia cada parte. No entanto, nós somos seguidores do Messias, Aquele que era, que é e que há de vir,[26] e carregamos a marca da promessa e a Mensagem de transformação em nós; em meio a todo e qualquer caos, independentemente da sua natureza, quando o povo do Senhor se levanta e se posiciona, Ele responde com uma efusão de poder e glória, promovendo transformação genuína.

Diante de tudo o que refletimos até aqui, percebo um chamado forte para a Igreja, especialmente para os líderes *Millenials*. Temos uma oportunidade única de realinhar as pessoas à verdade do Evangelho, de libertar os cativos e de construir uma nova história para as gerações futuras, capaz de superar a lógica humana!

É tempo de nos mobilizarmos e nos tornarmos instrumentos de um avivamento que transcenda as barreiras do nosso tempo. Assim como os movimentos da Igreja ao longo da História foram impulsionadores de mudanças profundas, acredito que as gerações de hoje, que muitas vezes são vistas como as que precedem o pós-cristianismo, podem ser, na verdade, as protagonistas de um novo avivamento. Oro para

> **QUANDO O POVO DO SENHOR SE LEVANTA E SE POSICIONA, ELE RESPONDE COM UMA EFUSÃO DE PODER E GLÓRIA.**

que tenhamos coragem e disposição para agirmos como **gatilho** dessa mudança. Nós somos a resposta para essa geração e, por isso, é hora de nos levantarmos! Vamos juntos fazer história, pois a colheita já está pronta!

CAPÍTULO 6

DE DENTRO PARA FORA

CAPÍTULO 6

Anos atrás, conheci um homem em nossa igreja cuja história me marcou profundamente. O seu nome é Cléber e, durante os nossos encontros, ele nos contou que desde a infância viveu nas ruas, imerso em um mundo no qual o pertencimento a uma facção criminosa parecia a única opção viável. Em meio a esse cenário de sombras, sua vida se desenrolou em uma sequência de delitos, encarceramentos e fugas, em que a brutalidade do crime se manifestava em tiroteios e sequestros. Seus relatos eram permeados por dor e perdas.

Ao chegar à nossa igreja, Cléber estava emocionalmente devastado, carregando a tristeza pela morte do irmão mais velho, assassinado quando ele ainda era um adolescente. Seu encontro com Cristo ocorreu em uma reunião no Jardim Ângela, um bairro marcado pela violência desenfreada dos anos 1990, onde o número de mortes em alguns momentos superava até as taxas de zonas de guerra ao redor do mundo.[1] Segundo suas palavras, a generosidade das pessoas dispostas a adentrar aquele ambiente hostil foi um divisor de águas.

Ao começarmos a acompanhá-lo, logo ficou evidente que a ausência da figura de um pai moldou sua visão de mundo e suas escolhas. Cléber buscava, nas lideranças do tráfico, o que lhe faltava: uma referência paterna, uma identificação que o ligasse àqueles homens como se fossem seus verdadeiros progenitores. Essa carência emocional o tornava vulnerável e sobrecarregado pelo peso espiritual de seu ambiente.

O GATILHO

Seu processo de conversão se transformou no alicerce de sua nova identidade. As lições das Escrituras começaram a ecoar em seu interior, provocando mudanças que pareciam impossíveis até então. A jornada de renovação espiritual surgiu como uma luz no fim do túnel, trazendo-lhe uma vida nova, que brotava de dentro para fora. Ao longo daquele ano, Cléber se lançou a um discipulado intenso, culminando em uma compreensão transformadora: Deus era seu verdadeiro Pai. Essa revelação libertadora mostrou-lhe que a única referência que realmente importava estava ali, ao seu alcance.

À medida que avançava em sua transformação, ele começou a soltar as amarras de comportamentos pecaminosos, aproximando-se da santidade de Deus. Essa jornada de cura não apenas trouxe uma alegria imensa pela salvação que experimentava, mas também despertou um desejo profundo de fazer mais por Deus e por Sua obra. Cléber começou, então, a desconstruir as distorções que carregava, guiado pelo conhecimento adquirido na Bíblia e pelo apoio dos irmãos da igreja.

Um ano após sua chegada, em resposta a suas dificuldades, a comunidade estendeu a mão em um gesto de solidariedade, oferecendo-lhe um espaço seguro para morar. Ali, nas dependências da igreja, Cléber encontrou um lugar para dormir e uma cozinha para usar, enquanto retribuía dedicando-se a tarefas simples, como limpeza e jardinagem. Esse período, longe de ser uma busca por riqueza ou status, tornou-se um momento crucial em

CAPÍTULO 6

sua vida, uma oportunidade de buscar um encontro mais profundo com Deus.

Foi durante esse tempo que conheceu missionários que compartilharam suas experiências na China. Os relatos sobre uma ação de evangelismo em um vilarejo, onde tiveram que se esconder da polícia, impactaram-no profundamente, então, motivado pela história que ouviu e pelo desejo de servir a Deus, ele começou a orar para se preparar para um treinamento de missões. Naquele momento, havia conseguido um emprego como motoboy, e as bênçãos de Deus se manifestavam em sua vida de maneiras milagrosas.

Minha mãe, a Dra. Sarah, sempre esteve presente, dando-lhe suporte e enfatizando a importância de regularizar sua documentação e retomar os estudos. Cléber havia abandonado a escola devido a expulsões, mas, com o apoio dela e dos membros da igreja, foi matriculado em uma escola particular, onde começou a cursar o supletivo. Assim, enquanto trabalhava como motoboy, também voltou a estudar — um passo significativo para ele. Durante esse período, começamos a orar por direção missionária, enviando cartas para as bases da JOCUM em Recife, Fortaleza e Curitiba, buscando discernir a vontade de Deus. A única resposta que recebemos foi de Recife, e ele interpretou isso como uma clara indicação divina.

Nós o enviamos para Recife, para a Escola de Treinamento e Discipulado (DTS), um programa focado no evangelismo e na formação espiritual. Ali, um novo

O GATILHO

estágio de sua transformação começou a se desenrolar. Deus passou a revelar os planos que tinha para sua vida, direcionando-o ao que Ele desejava que realizasse para o Reino. A base de Recife se destacava por seu ministério de misericórdia, especialmente voltado para pessoas em situação de rua e crianças vulneráveis. Durante o treinamento, ele participou de abordagens nas ruas, interagindo com crianças por meio de jogos e atividades, buscando construir relacionamentos que pudessem levá-las a abrigos seguros.

Em Recife, Cléber teve a chance de compartilhar seu testemunho com cerca de 80 crianças de rua na Praça do Derby, uma área central da cidade, conhecida por ser povoada por jovens em situação de rua. Esse momento não foi apenas uma oportunidade de se conectar com aquelas crianças, mas um passo decisivo em sua própria jornada de fé e propósito. Apesar do caos que o cercava, ao começar a relatar sua experiência e a transformação que Deus havia operado em sua vida, ele percebeu que as crianças começaram a prestar atenção. Ali, em meio a tanto desespero, sua história de esperança e renovação ressoava como um farol de luz na escuridão. Esse momento foi um divisor de águas; Deus fez com que ele percebesse sua capacidade de impactar vidas ao seu redor.

A partir daquele instante, o chamado do Senhor para Cléber tornou-se claro, revelando seu propósito. Com um firme "sim" em seu coração, decidiu abraçar a missão de trabalhar com crianças em situações de vulnerabilidade social. Desde então, dedicou-se a ajudar

CAPÍTULO 6

aqueles que enfrentavam abusos sexuais, violência doméstica e dependência química, encontrando alegria e significado em cada ação que realizava.

O Senhor o levou a diversos países e a quase todo o Brasil, especialmente no Nordeste e no Sudeste, onde participou de muitos trabalhos voltados para o resgate e a restauração de crianças "de rua" — um termo que, embora antiquado, descreve a realidade que elas viviam. Em 2006, o convidamos para assumir um cargo de liderança na nossa igreja em São Paulo. Ele aceitou, mas enfatizou que sua força estava no trabalho social. Naquele momento, havia vários projetos em andamento na igreja, e três iniciativas — o Projeto Oásis, o Projeto Zara e o Projeto Farol — estavam em ação. A união dessas iniciativas culminou na criação do Projeto Farol, focado na atuação em favelas.

Essa nova fase não apenas solidificou seu compromisso com a transformação social, mas também o conectou a uma rede de apoio e solidariedade que potencializou suas ações. Ele estava determinado a fazer a diferença, e as histórias de vida que tocou se tornaram testemunhos vivos do poder da esperança e da renovação espiritual, inspirando outros a seguir seu exemplo.

O projeto impactou cerca de 400 crianças e suas famílias, e Cléber se envolveu intensamente nessa missão ao longo dos anos. Essa jornada não foi apenas um passo a passo de transformação pessoal, mas também social; primeiro, ele passou por uma mudança interior, reconhecendo Deus como seu Pai e assimilando as referências

O GATILHO

bíblicas, antes de conseguir oferecer algo significativo à sociedade.

Foi durante essa trajetória que conheceu sua esposa, uma europeia, que o levou à Suíça, onde atualmente está engajado em um projeto na Pestalozzi-Haus. Esta instituição se destaca como um modelo de referência no cuidado e educação de crianças com diversas necessidades especiais, que vão desde o autismo até dificuldades de sociabilização. Hoje, em seu trabalho, ele pode oferecer algo relevante para as nações, unindo seu propósito e experiência em um contexto que visa transformar vidas e promover a inclusão.

Além disso, em 2006, ao se mudar para São Paulo, ele iniciou seus estudos em Psicologia. Jamais imaginou que pudesse emergir do contexto de favela e da vida de ex-gângster para se tornar um acadêmico. Contudo, Deus operou um verdadeiro milagre em sua vida. Ele foi aprovado no vestibular, uma conquista que o surpreendeu e que só foi possível graças ao apoio inestimável dos seus irmãos.

Durante sua trajetória na faculdade, alcançou um desempenho exemplar, sem reprovações, e estabeleceu parcerias valiosas. Os professores mostraram grande interesse por sua história e pela transformação que Deus havia realizado em sua vida, e seus relatos sobre experiências vividas com Deus despertaram o interesse dos docentes, levando-os a se envolverem em colaborações com o Projeto Farol, que mantinha parcerias com pelo menos três universidades.

CAPÍTULO 6

A transformação que Cléber experimentou é verdadeiramente extraordinária: um jovem que, no passado, esteve envolvido com o crime organizado e lutava para se expressar em português agora é fluente em inglês, espanhol e alemão, incluindo o dialeto suíço. E aquele jovem que buscava uma figura paterna, ao conhecer a Deus como seu Pai, conseguiu traduzir essa paternidade divina para as crianças, tanto no Brasil quanto na Suíça, tornando-se uma referência para muitos.

Cléber tem testemunhado inúmeras crianças passando por transformações significativas, e isso é o que busca concretizar para o Reino. Essa história de esperança e renovação não é apenas uma narrativa pessoal, mas um testemunho vivo do poder transformador de Deus na vida de um homem que agora ilumina o caminho de muitos.

O PROCESSO

A história de Cléber é um dos exemplos mais extraordinários que conheço sobre a transformação divina. Ela ilustra como uma pessoa pode morrer para si mesma, permitindo que o Espírito Santo atue plenamente em sua vida. Por meio dessa entrega, Cléber se tornou um canal de transformação, não apenas para si, mas para o mundo ao seu redor.

Como já evidenciamos ao longo deste livro, o chamado divino demanda de nós ação. Ao contrário da crença comum, a ação em si não é errada; somos

O GATILHO

convocados a realizar grandes feitos pelo Reino de Deus, impactando nações e gerações por meio de uma liderança corajosa, íntegra e, acima de tudo, orientada pelo Espírito. No entanto, muitos se perdem no "fazer" em busca de identidade quando o caminho correto é o inverso: devemos nos concentrar em quem somos e em quem nos tornamos ao longo de nossa jornada na Terra. Portanto, ao discutir a formação de líderes que geram impacto genuíno, a ênfase recai não sobre o que podemos fazer, mas sobre quem precisamos nos tornar. A transformação interna é essencial para cumprir nossa missão, pois o que fazemos deriva de quem somos.

> **SOMOS CONVOCADOS A REALIZAR GRANDES FEITOS PELO REINO DE DEUS.**

Entretanto, essa transformação é um processo. Embora você possa sentir um desejo ardente de se tornar uma pessoa que faz a diferença no mundo ao ler estas páginas, é provável que amanhã enfrente os mesmos desafios de hoje. A mudança interna ocorre por meio de uma jornada que envolve elementos comuns a todos nós. Ignorar esses elementos ou tentar pular etapas fundamentais pode nos tornar vulneráveis e predispor-nos ao fracasso em nossa missão.

CAPÍTULO 6

Filiação

Embarcar em uma jornada transformadora rumo a uma missão gloriosa exige um entendimento profundo de como cada etapa se conecta. Como diz o ditado, "é importante começar do começo", e a base dessa jornada é a justificação. Quando analisamos a salvação nas Escrituras, uma pergunta frequente surge: "Fomos salvos, estamos sendo salvos ou seremos salvos?". A resposta se desdobra em três partes: a salvação se manifesta na justificação, santificação e glorificação, refletindo a tripartite natureza do ser humano — espírito, alma e corpo. Cada uma dessas dimensões precisa de salvação devido ao impacto devastador do pecado. A justificação revigora nosso espírito, a santificação molda nossa alma, e a glorificação transformará nosso corpo quando Cristo retornar.

A justificação é o ponto de partida; sem ela, estamos espiritualmente mortos. Lembremo-nos da história de Adão e Eva. Após a desobediência, eles experimentaram uma morte espiritual, mesmo continuando fisicamente vivos. O espírito humano, então, se torna mortificado; e nossa natureza, pecaminosa, incapaz de se redimir por si só. É nesse contexto que a justificação surge como um ato salvador pela graça, por meio da fé, regenerando nosso espírito e fazendo-nos novas criaturas. Ao sermos justificados, nascemos de novo.

Mais do que restaurar nossa natureza, a justificação transforma nossa identidade. Tornamo-nos filhos de

EMBARCAR EM UMA **JORNADA TRANSFORMADORA** RUMO A UMA MISSÃO GLORIOSA EXIGE UM **ENTENDIMENTO** PROFUNDO DE COMO CADA ETAPA SE CONECTA.
COMO DIZ O DITADO, "É IMPORTANTE COMEÇAR DO COMEÇO", E A BASE DESSA JORNADA É A **JUSTIFICAÇÃO**.

CAPÍTULO 6

Deus. O Espírito Santo opera não apenas a regeneração, mas também a adoção, fazendo-nos coerdeiros com Cristo. Essa realidade não é simbólica; Deus é nosso Pai, perfeito e amoroso. O milagre da filiação revela como seres quebrados e escravizados pelo pecado podem ser redimidos e integrados à família de um Deus perfeito.

É aqui que nossa jornada de transformação interna realmente começa. Ao crermos em Jesus, tornamo-nos filhos de Deus, um presente que não depende de nossas obras. Nossa identidade não é definida pelo que fazemos; somos aceitos como filhos, independentemente de nossas ações. Se não compreendermos o princípio da filiação, nossas obras se tornam tentativas ansiosas de conquistar o amor incondicional do nosso Pai — algo que já possuímos. Portanto, tudo o que fazemos deve emergir de quem somos, não o contrário. O primeiro passo na jornada de transformação é reconhecer que somos amados pelo Senhor, uma base essencial para cumprirmos nosso propósito. Antes de nos tornarmos líderes que impactam o mundo, devemos interiorizar essa filiação.

Entretanto, muitos enfrentam dificuldades em viver essa identidade devido a experiências traumáticas com pais terrenos. Feridas de paternidade abusiva, ausente ou indiferente frequentemente projetam-se em nossa visão do Pai celestial, levando à crença de que Ele também nos decepcionará. Quando não perdoamos figuras paternas, permanecemos presos à dor do trauma, fechando-nos para a paternidade perfeita do Criador, que nunca falha.

O GATILHO

Eu também não tive uma figura paterna saudável. Apesar de ser um cristão ativo, meu pai se comportava de maneira muito diferente em casa, sendo abusivo e infiel à minha mãe. Essa realidade de medo persistiu até o dia em que ele nos abandonou, no aniversário da minha irmã, Zoe, quando ainda éramos crianças. Sou grato à minha mãe, que nos direcionou à paternidade divina. Ela sempre me lembrava: "Deus é o seu pai", especialmente quando eu enfrentava as feridas deixadas por meu pai terreno. Isso me levou a perceber que, apesar das falhas humanas, meu Pai celestial estava sempre presente, protegendo e provendo para nós. Com o tempo, consegui avançar na revelação de Deus como meu Pai, liberando perdão pelas feridas e encontrando cura.

Recordo-me de uma conversa marcante que tive com a Dra. Neuza Itioka, renomada teóloga e autoridade no ministério de Cura e Libertação. Eu a chamava carinhosamente de Tia Neuza, pela proximidade com minha família. Minha primeira memória dela remonta à infância, entre 7 e 10 anos, quando eu sentia um profundo temor de Deus ao me aproximar dela. Apesar de ser menor que minha mãe, ela possuía uma autoridade espiritual incomparável. Eu frequentemente visitava seu gabinete na zona leste de São Paulo, onde conduzia sua escola ministerial, um espaço reverente, cercado por intercessores que oravam enquanto ela atendia.

Certa vez, discutindo questões de paternidade, ela enfatizou a importância de liberar perdão. "A preocupação em não repetir os erros do seu pai está intimamente

CAPÍTULO 6

ligada à sua capacidade de perdoar. Não busque ser um bom pai motivado por feridas e ambições". Embora nenhum de nós tenha um pai terreno perfeito, todos podemos liberar perdão e acessar a revelação de que Deus é nosso Pai. O crescimento nesse entendimento é um processo gradual, mas, em essência, já somos filhos de Deus desde o momento em que nascemos de novo. Essa é nossa identidade, a partir da qual seremos transformados para cumprir nosso propósito.

Santificação

Uma vez que somos feitos filhos de Deus pela justificação que ocorre em nosso espírito, o próximo passo para nos tornarmos quem realmente somos é nos engajarmos no processo de salvação da alma, a santificação. Você que está lendo este livro certamente se lembra do dia em que recebeu Cristo como Senhor e Salvador — o momento decisivo que transformou sua vida. Você se tornou uma nova criatura, um filho de Deus. Contudo, no dia seguinte, pode ter se deparado com as mesmas tentações e padrões de comportamento que o acompanhavam antes da conversão. Isso acontece porque, embora seu espírito tenha sido regenerado, a salvação da alma — o processo de santificação — é uma jornada gradual, que se desenrola dia após dia até o retorno de Cristo.

Quando falamos de santificação, falamos de um profundo alinhamento de nossa alma com os princípios de Deus expressos na Bíblia. Nossa alma, que é

O GATILHO

composta por pensamentos, sentimentos e vontades, precisa passar por uma transformação em todas essas áreas. Um dos principais focos desse processo é a renovação da mente. Nossos pensamentos moldam nossas emoções e influenciam nossas escolhas. Por isso, como diz Provérbios, assim como imaginamos em nossas almas, assim nós somos.[2] Essa ideia poderosa é a base do que Paulo nos ensina em sua carta aos Romanos.

Ele nos exorta a oferecer nossas vidas como um sacrifício vivo, santo e agradável a Deus. E, mais importante, convida-nos a não nos conformar com os padrões deste mundo, mas a nos transformar pela renovação da mente. Essa transformação, na verdade, é a essência da santificação. A palavra grega *metamorphoo*[3] — que nos remete à metamorfose — captura perfeitamente o objetivo deste processo. Ao alinharmos nossos pensamentos com as Escrituras, nós nos tornamos gradualmente santificados, refletindo em nossa alma a realidade que já existe em nosso espírito.

Entretanto, essa renovação não acontece por acaso; ela exige nossa intencionalidade. Uma das maneiras mais eficazes de renovar a mente é pela declaração das verdades bíblicas. À medida que mergulhamos nas Escrituras, encontramos verdades sobre Deus e sobre quem realmente somos. No entanto, muitas vezes, percebemos um conflito entre esses ensinamentos e nossos próprios pensamentos. É aqui que a declaração da Palavra se torna fundamental. Quando você profere as promessas de Deus, isso não apenas gera fé em seu coração,

CAPÍTULO 6

mas também transforma suas declarações em pilares de crença. Você começa a acreditar que é filho de Deus, que Ele nunca o abandonará e que todas as Suas promessas são para você. Gradualmente, essas verdades ancoram sua identidade e o afastam da inconstância emocional.

Além da renovação da mente, somos santificados ao contemplar a glória do Senhor. Novamente, a palavra *metamorphoo* surge, destacando a conexão entre santificação e transformação. Paulo menciona Moisés, que descia do monte com o rosto radiante da glória de Deus, um brilho tão intenso que o povo se aterrorizou e ele precisou cobrir o rosto com um véu. Esse véu simbolizava a separação entre o povo e a presença manifesta de Deus. Mas na Nova Aliança, o véu foi removido pela obra de Cristo, permitindo que contemplássemos a glória de Deus sem barreiras.[4]

> **ALÉM DA RENOVAÇÃO DA MENTE, SOMOS SANTIFICADOS AO CONTEMPLAR A GLÓRIA DO SENHOR.**

Quando nos deparamos com a glória do Senhor, seja em momentos de adoração pessoal ou em comunhão, não precisamos apressar-nos. Às vezes, a ação mais espiritual é simplesmente contemplar essa glória. Isso é semelhante a deixar uma esponja do lado de fora durante a noite; mesmo sem chuva, ela absorve a umidade do ambiente. Da mesma forma, ao contemplarmos

O GATILHO

a presença de Deus, absorvemos Sua essência e somos transformados de dentro para fora.

Por meio da renovação da mente e da contemplação da glória do Senhor, somos continuamente santificados. Essa transformação impacta não apenas nossas ações, mas também nossa identidade. À medida que nos tornamos mais semelhantes a Cristo, preparamo-nos para cumprir a missão que Ele tem para cada um de nós. Essa jornada de santificação é, na verdade, um convite a refletir a imagem de Deus no mundo, manifestando Seu amor e Sua verdade em tudo o que fazemos.

Unção

Ao nos engajarmos no processo de santificação e alinharmos nossas vidas com os princípios da Palavra, é fundamental entender a importância da unção de Deus. Apesar de ser frequentemente mencionada, especialmente em círculos carismáticos, muitos ainda não compreendem seu significado e relevância. De forma simples, a unção é uma porção do Espírito Santo dada a nós para um propósito específico. Um exemplo claro disso pode ser encontrado em Isaías 61.1: "O espírito do Senhor Deus está sobre mim, porque o Senhor me ungiu, para pregar boas novas aos pobres [...]".

A unção é o que confere impacto espiritual às nossas ações, fazendo com que nossas palavras e atos tenham peso diante de Deus. Se tentarmos cumprir nosso propósito sem essa unção, estaremos agindo apenas com nossas

CAPÍTULO 6

forças e estratégias naturais, limitando nosso impacto. Para realizarmos a missão que Deus nos confia, é essencial estarmos cheios de Sua unção.

Minha mãe sempre destacou o valor da unção e fundamentou a Comunidade Monte Sião, hoje Zion Church, em um versículo que expressa essa verdade: "[...] Não por força, nem por violência, mas pelo meu Espírito, diz o Senhor dos Exércitos" (Zacarias 4.6 – ARC). As Escrituras mostram que a unção sempre acompanhou aqueles chamados por Deus para tarefas específicas. No Velho Testamento, o Espírito Santo estava sobre governantes, profetas e sacerdotes, que dependiam do Senhor para cumprir suas funções. Deus sempre desejou que todo o Seu povo fosse capacitado pelo Espírito, como era nos dias de Moisés, muito antes da vinda de Cristo.

A vontade do Senhor sempre foi que a unção não fosse restrita a algumas categorias, mas acessível a todos que invocam Seu nome. Passagens do Velho Testamento indicam que chegaria um tempo em que todos teriam acesso à capacitação do Senhor, essencial para cumprir Seu chamado. Isso é reafirmado no Novo Testamento, onde vemos que Cristo recebeu o Espírito Santo antes de iniciar Seu ministério, quando o Espírito desceu sobre Ele durante Seu batismo.

Um exemplo claro da importância da unção pode ser visto nos discípulos após a ressurreição de Jesus. Ele lhes confiou a Grande Comissão, ordenando que levassem o Evangelho ao mundo,[5] mas também os instruiu a

O GATILHO

esperar em Jerusalém até serem cheios do Espírito Santo, que os capacitaria para essa missão.[6] Isso demonstra que a missão de Deus não pode ser cumprida sem a capacitação sobrenatural do Espírito Santo.

Embora a unção esteja disponível para todos os que creem, há um preço a ser pago por ela. Na parábola das dez virgens, cinco foram prudentes ao armazenar óleo extra, enquanto cinco não o fizeram. Quando o Noivo chegou, as virgens insensatas pediram óleo às prudentes, que responderam que cada uma deveria ser responsável por obter seu próprio óleo.[7] O óleo simboliza a unção do Espírito Santo, e essa parábola ensina que cada um de nós deve pagar o preço por sua própria unção. Esse preço, porém, não é financeiro. Em Atos 8.18-24, Simão, o feiticeiro, tentou comprar o poder do Espírito e foi reprimido por Pedro, que deixou claro que o poder de Deus não pode ser adquirido com dinheiro.

Existem duas maneiras de obter mais unção. A primeira é por meio de jejum e oração. O jejum, que é a abstenção voluntária de comida e bebida, enfraquece a carne e promove o crescimento espiritual. No entanto, esse crescimento só acontece quando o jejum é acompanhado de oração, pois jejuar sem orar é como seguir uma dieta que não beneficia o espírito. Tanto a oração em entendimento quanto a oração em línguas são essenciais durante o jejum; cada uma atua de maneira única, mas igualmente importante. A oração em entendimento nos ajuda a desenvolver uma comunicação clara com Deus, permitindo declarações fundamentadas na Palavra. Por

CAPÍTULO 6

outro lado, a oração em línguas edifica nosso homem interior. Embora nossa mente não compreenda, nosso espírito é fortalecido, acelerando nosso crescimento espiritual. Assim, podemos obter unção ao sacrificar nossa carne pelo jejum e fortalecer nosso espírito por meio da oração.

A segunda maneira de obter mais unção é por meio da "associação", que se refere à transferência de unção. Para crescer em unção por associação, precisamos acessar esse princípio de duas maneiras. A primeira é a imposição de mãos, uma doutrina fundamental do Evangelho. Quando alguém que possui a unção de Deus impõe as mãos sobre nós, podemos receber uma porção espiritual específica, como evidenciado em várias passagens das Escrituras. O Apóstolo Paulo, por exemplo, encoraja Timóteo a manter viva a chama do dom de Deus, recebido pela imposição de mãos.[8]

Além da imposição de mãos, outra forma de receber transferência de unção é por meio do serviço. Se queremos a unção, devemos servir a ela. Esse princípio é ilustrado em relacionamentos bíblicos — como o de Moisés e Josué, Elias e Eliseu, e Jesus e Seus discípulos —, nos quais aqueles que serviram receberam uma porção da unção que estavam servindo. Eliseu, por exemplo, pediu e recebeu a porção dobrada da unção de Elias, a quem serviu fielmente.[9] Ao servirmos homens e mulheres que carregam a unção de Deus, também recebemos dessa unção. Contudo, se não nos consagrarmos ao Senhor e não cultivarmos nossa própria unção, não

O GATILHO

valerá a pena receber orações de transferência. Se mantivermos um estilo de vida de busca e consagração, a associação atuará como um catalisador para alcançarmos novos níveis no Espírito.

Para cumprir os propósitos de Deus em nossas vidas, precisamos ser cheios da Sua unção. Devemos pagar o preço por ela, pois vale mais do que qualquer valor que possamos oferecer. Somente por meio dela poderemos ver o impossível acontecer e os sonhos de Deus se realizarem em nós e através de nós.

Armadura espiritual

Acontece que, quando falamos sobre cumprir nossa missão e nos tornarmos a pessoa necessária para isso, é essencial entender que enfrentaremos oposição durante todo o processo, tanto na transformação interna quanto na execução do chamado de Deus. A ideia de que viver os propósitos do Pai é algo romântico e glamouroso é uma percepção equivocada. Desde que nos tornamos filhos de Deus, entramos em uma verdadeira guerra, na qual somos chamados a avançar o Reino dos Céus e fazer o império das trevas retroceder. Essa guerra não se dá apenas no plano natural, nem é contra pessoas, mas é uma batalha espiritual.[10]

Nesse conflito, temos um inimigo: Satanás e seus demônios. Ele não ficará inerte enquanto avançamos em nossa jornada de crescimento com o Senhor. Um dos maiores erros que podemos cometer como cristãos é

CAPÍTULO 6

achar que o Inimigo não está constantemente tentando nos derrubar. É isso que diz uma frase normalmente atribuída ao poeta francês Charles Baudelaire: "O maior truque já realizado pelo Diabo foi convencer o mundo de que ele não existe".[11] A verdade é que o Inimigo é não apenas real, mas está ativamente trabalhando contra os planos de Deus para nossas vidas. Portanto, precisamos nos tornar pessoas sempre alertas e preparadas para lutar essa guerra.

Em carta à igreja de Éfeso, Paulo não apenas os alerta sobre a realidade dessa guerra, mas os ensina a guerrear no espírito, ressaltando a importância da armadura de Deus.[12] A jornada rumo ao propósito divino é muito mais árdua e desafiadora para aqueles que não sabem guerrear espiritualmente. A verdade é que podemos estar cheios de boas intenções, sermos completamente apaixonados por Jesus, e ainda ainda sofrermos com os ataques do Inimigo por falta de entendimento de como funciona a guerra espiritual. Sendo assim, devemos nos tornar pessoas alertas, que se revestem da armadura de Deus e guerreiam com sabedoria e intrepidez, vivendo em um estado constante de proteção, como indica a palavra "vistam", no grego original[13].

Imaginemos, por um momento, que estamos em um campo de batalha, cercados por uma névoa espessa. O sol mal aparece no horizonte, e o som de armaduras se chocando ressoa ao nosso redor. Este não é apenas um cenário de guerra, mas uma metáfora da vida espiritual que enfrentamos diariamente. A armadura de Deus, uma

O GATILHO

das mais poderosas ferramentas que temos à nossa disposição, é composta por seis partes cruciais, cada uma desenhada para nos proteger e nos preparar para a batalha espiritual que travamos.

O primeiro componente é o cinto da verdade. Paulo, em sua sabedoria, compara essa armadura à de um soldado romano, na qual o cinto não é apenas um acessório, mas a base que sustenta todo o equipamento. Imagine um soldado sem o seu cinto, vulnerável e desprotegido. Assim, também, nossa vida espiritual precisa estar ancorada na Verdade — a palavra escrita de Deus. É a Verdade que nos mantém firmes, protegidos das mentiras traiçoeiras do Inimigo, o pai da mentira.[14] Ele não apenas se esconde nas sombras, mas lança enganos que podem nos afastar de Cristo. Quando Jesus foi tentado no deserto, Ele não se deixou levar. Ele venceu com o que "está escrito", um lembrete poderoso de que, em nossas batalhas, a Verdade é nossa melhor defesa.[15]

A couraça da justiça vem em seguida. Esse é o equipamento que protege os órgãos vitais, simbolizando uma vida de integridade diante do Senhor. Não basta saber o que é certo; precisamos viver segundo essa Verdade. Um caminhar reto é a melhor defesa contra os ataques do Inimigo, que sempre busca brechas em nossas vidas. Pense nisso como uma armadura que, se bem ajustada, nos impede de sermos atingidos.

Os calçados da preparação do Evangelho da paz são o próximo elemento. Assim como as sandálias dos soldados romanos protegiam seus pés contra o terreno

CAPÍTULO 6

hostil, a paz de Deus protege nosso caminho. A Bíblia fala de duas dimensões dessa paz: a paz "com" Deus, que recebemos pela justificação através de Cristo, e a paz "de" Deus, um estado de coração que transcende as dificuldades. Essa paz é um escudo contra a ansiedade, uma fortaleza que nos mantém firmes mesmo nas tempestades.

O escudo da fé, o quarto componente, é uma peça essencial da armadura. Ele não apenas nos protege, mas também nos permite avançar, atacando os dardos inflamados do maligno. Assim como os soldados romanos encharcavam seus escudos com água para apagar as flechas em chamas, nossa fé deve estar saturada da Palavra de Deus. A fé é uma força viva, que não só nos resguarda, mas também nos empodera a progredir e a vencer os desafios.

O capacete da salvação, o quinto elemento, guarda nossa mente. O termo original, *perikephalaia*, sugere um círculo de proteção ao redor de nossa compreensão.[16] Esse capacete nos ajuda a entender plenamente o que Jesus conquistou na cruz. A salvação não é o final da jornada, mas o começo de uma nova vida, em que acessamos a plenitude de tudo que Ele nos oferece.

Por último, temos a espada do Espírito, que representa a palavra revelada de Deus. Diferentemente da palavra escrita, que simboliza o cinto da verdade, a espada é poderosa, vivificada pelo Espírito. Quando proclamamos a Palavra com fervor, ela se torna uma arma capaz de penetrar nas profundezas do coração,

O GATILHO

discernindo pensamentos e intenções, e destruindo as obras do Inimigo.

Compreender a importância da armadura de Deus não é apenas teórico. É um convite para que nos tornemos guerreiros maduros e valentes. Devemos estar sempre conscientes da guerra que travamos, equipados e prontos para avançar, seguros na vocação de Cristo que nos chama. É assim que, juntos, podemos enfrentar o que vier, sabendo que, com cada peça da armadura, estamos não apenas protegidos, mas prontos para conquistar.

Equilíbrio emocional

Finalmente, o último elemento a ser considerado em nossa jornada de transformação está relacionado às nossas emoções. Embora isso esteja ligado ao processo de santificação, em que nossos pensamentos governam nossas vidas, não devemos ignorar que há aspectos em nossa alma que precisam ser tratados e curados. Assim como renovar a mente é crucial, ter uma alma curada resulta em um equilíbrio emocional saudável. O Senhor se preocupa não apenas com nossa saúde espiritual, mas também com nosso coração e emoções.

Como já lemos, em Isaías 61.1, está escrito: "O espírito do Senhor Deus está sobre mim, porque o Senhor me ungiu, para pregar boas novas aos pobres [...]". Essa passagem demonstra que Deus Se importa com aqueles que sentem dor e angústia, o que, na verdade, se aplica a todos nós. Ao longo de nossas vidas,

CAPÍTULO 6

enfrentamos situações traumáticas que ferem nossa alma, gerando memórias dolorosas e sofrimento interno. Vivemos em um mundo corrompido pelo pecado, povoado por pessoas imperfeitas que, muitas vezes, ferem-se mutuamente. Essas experiências não são apenas eventos isolados; elas ecoam dentro de nós, afetando nossos pensamentos, relacionamentos e decisões. Assim como uma ferida física continua a doer se não for tratada, as feridas da alma geram disfunções emocionais que, se ignoradas, impactarão nossa trajetória.

O desafio é nos tornarmos pessoas "resolvidas", que reconhecem suas feridas e estão dispostas a lidar com elas. Cada situação negativa que vivenciamos se manifesta de diversas formas em nosso presente. Por exemplo, alguém que passou por traumas com uma figura paterna pode desenvolver dificuldades com lideranças masculinas. Da mesma forma, pessoas que enfrentaram escassez podem viver com a impressão de que a falta vai ocorrer a qualquer momento, independentemente de sua situação financeira atual. Nossos pensamentos e reações emocionais muitas vezes são moldados por feridas do passado, que podem ser ativadas por "gatilhos", situações que relembram traumas e resultam em reações emocionais.

Todos enfrentamos esse desafio em alguma área, mas não precisamos ser reféns de nossos traumas. Podemos desenvolver o que chamamos de inteligência emocional, que envolve reconhecer nossas vulnerabilidades, entender nossos gatilhos emocionais e o modo como reagimos quando eles são acionados. Essa consciência não deve

O GATILHO

depender apenas de nossa capacidade de raciocínio; o Espírito Santo, nosso ajudador, nos auxilia nessa jornada de autoconhecimento.

Como o salmista diz em Salmos 139.23-24, devemos pedir a ajuda do Senhor para sondar nosso coração. Muitas vezes, somos levados por dores passadas sem perceber, pois diagnosticar nossa própria alma não é fácil. O Espírito Santo nos auxilia nesse processo, conhecendo toda a nossa história melhor do que nós mesmos.

Além de nos ajudar a conhecer nossas emoções, o Espírito Santo também nos guia na cura interior, tratando as feridas do passado e do presente. Temos um Deus que não deseja apenas restaurar nosso espírito, mas também renovar nossos pensamentos e curar nossas emoções. A palavra original usada para cura em muitos relatos de Jesus é *sozo*[17], que se refere à cura integral do ser humano — corpo, alma e espírito. Um exemplo disso é a história da mulher com o fluxo de sangue, que sofria com uma enfermidade que a excluía da comunidade. Ao tocar em Jesus, ela foi fisicamente curada, mas Cristo insistiu em identificá-la, pois também havia uma cura emocional que precisava ser realizada. Ao chamá-la de "filha", Jesus tratou a dor da rejeição que ela carregava.[18] Essa ação ilustra que Deus quer nos curar em todas as áreas, incluindo nossas emoções.

Salmos 34.18 nos lembra: "O Senhor está perto dos que têm o coração quebrantado e salva os de espírito abatido" (NVI). Mesmo que tenhamos sofrido traumas profundos, nada é irreparável para o Senhor, que está

CAPÍTULO 6

disposto a nos acompanhar na restauração emocional. Ele nos guia a liberar perdão a quem nos feriu e a superar os impactos de nossos traumas, revelando o amor do Pai sobre nós. Eu pessoalmente lido com questões da alma há anos e continuo a reconhecer a importância de ser tratado pelo Senhor. Recursos como líderes, terapia e ministérios de cura interior podem auxiliar, mas nada substitui a ação de Deus, Jeová Rafá, o Deus que cura[19].

Ao entendermos que mais importante do que o que fazemos é quem estamos nos tornando, seguimos uma jornada de transformação que nos permite ver os propósitos do Senhor se cumprindo em nossas vidas. A filiação fundamenta nossa identidade no amor de Deus; a santificação alinha nossos pensamentos com a Palavra; a unção nos enche do poder do Espírito; a armadura de Deus nos protege em meio à guerra; o equilíbrio emocional nos liberta das dores do passado. Permita que o Senhor guie você nesse caminho de transformação diária, pois Ele o está capacitando para cumprir sua missão e gerar um impacto para o Reino no mundo ao nosso redor!

EXPLOSÃO

PARTE 3

CAPÍTULO 7

OS LÍDERES DO AMANHÃ

CAPÍTULO 7

Em uma manhã serena de 1804, com apenas 16 anos e recursos escassos, William Colgate decidiu abandonar sua modesta cidade no interior dos Estados Unidos e mudar-se para Nova Iorque, com o objetivo de perseguir o seu grande sonho: a ascensão da indústria de sabonetes. Embora ele acreditasse na possibilidade de se tornar um empresário de sucesso, essa não era uma meta focada na busca por riqueza; de forma contrária, era impulsionada por sua fé e a crença no trabalho como um chamado divino.[1]

Muitos de nós tendemos a considerar o "chamado" do Senhor como algo reservado àqueles que atuam na igreja ou em ministérios religiosos. Quando ouvimos relatos sobre indivíduos "ungidos por Deus", frequentemente imaginamos pastores ou pregadores de renome — todos com histórias de encontros transcendentais que os conduziram ao altar. No entanto, para William Colgate, assim como para tantos outros cristãos, esse propósito tinha uma forma bem diferente. Colgate iniciou sua trajetória trabalhando arduamente em uma fábrica de sabonetes, dedicando-se a cada tarefa como a mais importante de sua vida. Mais relevante do que a fábrica ou a produção de sabão era a sua visão sobre o trabalho. Ele vivia sob o princípio de 1 Coríntios 10.31, enxergando o ofício não como uma obrigação, apenas, mas como um modo de vida, a sua missão, uma forma de glorificar o Senhor.

De fato, desde a Criação, o trabalho foi instituído por Deus como parte do mandato cultural atribuído à

O GATILHO

humanidade. Adão foi colocado no Jardim para cultivá-lo e zelar por ele,[2] e essa responsabilidade de estabelecer e expandir a cultura foi delegada a todos nós. A intenção do Senhor era que, por meio do trabalho, exercitássemos o domínio, exaltando a beleza e a glória do Altíssimo. Entretanto, com a Queda do homem, o que antes era uma atividade de plena satisfação, passou a ser algo marcado por suor, espinhos e frustração. Em Gênesis 3.17-19, somos recordados de que embora o trabalho tenha sido amaldiçoado, continua a ser parte do plano de Deus para Seus filhos; a diferença é que, agora, tornou-se árduo e, muitas vezes, desmotivador.

Apesar das adversidades inerentes ao labor, William Colgate compreendia que trabalhar não era um fardo. Ele se apegava à Palavra de Deus e à profecia recebida durante sua jornada rumo a Nova Iorque, quando teve um encontro significativo com um homem que orou por ele, proclamando:

> Alguém será, brevemente, o principal fabricante de sabão em Nova Iorque. Espero que você seja homem prudente, dê seu coração a Cristo. Lhe entregue de cada dólar que você receber, a parte que lhe pertence, faça um sabão honesto, no peso de uma libra inteira (454 gramas, ou seja, fácil de manusear e barato). Sei que você será abençoado.[3]

CAPÍTULO 7

Com isso em mente, em um momento de oração, o jovem fez um voto sagrado com o Senhor: iria Lhe dedicar 10% de todos os seus ganhos; e assim o fez. Após dois anos trabalhando na fábrica de sabão, decidiu aventurar-se em um negócio próprio. Em uma época em que itens de higiene pessoal eram, em sua grande maioria, confeccionados artesanalmente para uso pessoal, William viu uma oportunidade de mercado ainda pouco explorada e, com qualidade e acessibilidade, começou a vender seus produtos, conquistando a preferência dos consumidores. Pouco tempo depois, conseguiu expandir sua linha de produtos; mas, mesmo diante do crescimento de sua empresa, a Colgate, ele permaneceu fiel à promessa que havia feito a Deus. Inicialmente, destinava apenas um décimo para o que chamava de "conta do Senhor", porém, com o passar do tempo, esse percentual aumentou para 20%, depois, 30%, até alcançar a marca de 50% dos lucros dedicados à obra e a instituições cristãs, como agências missionárias, universidades e seminários teológicos.

O diácono William Colgate, como passou a ser conhecido, viu sua prosperidade crescer de maneira exponencial, tornando-se um dos homens mais ricos de Nova Iorque no século XIX. Após sua morte, seus filhos, igualmente seguidores de Cristo, continuaram honrando o seu legado de generosidade, perpetuando uma herança de compaixão e compromisso com a obra divina. Hoje, a Colgate é uma das principais marcas do mundo, e, com uma capitalização de mercado de

O GATILHO

aproximadamente 83,39 bilhões de dólares,[4] impacta a vida de mais de dois bilhões de crianças ao redor do mundo com suas ações beneficentes.[5]

A história de Colgate não é sobre seu êxito empresarial apenas, mas sobre sua ética de trabalho alicerçada aos princípios bíblicos. Ele se dedicava à excelência em tudo o que fazia pois compreendia que o verdadeiro sucesso não era definido pelo lucro, mas por sua fidelidade a Deus. Essa concepção do trabalho como um chamado se revela igualmente relevante para nós na atualidade. Muitos cristãos percebem o trabalho como uma necessidade, porém, o consideram como algo secundário e vivem aguardando pela manifestação do "verdadeiro" serviço ao Senhor — ou seja, por uma missão sobrenatural. No entanto, o trabalho não tem fim em si mesmo, e sim é um meio pelo qual podemos glorificar ao nosso Pai e impactar o mundo que nos cerca.

> **O TRABALHO NÃO TEM FIM EM SI MESMO, E SIM É UM MEIO PELO QUAL PODEMOS GLORIFICAR AO NOSSO PAI.**

Como cristãos, somos chamados para liderar, e o nosso papel como líderes é fundamental para a manutenção de uma cultura saudável e para o funcionamento eficaz de cada segmento da sociedade. Isso não se traduz em uma participação como cidadãos, mas sim em uma postura de serviço, em consonância com o exemplo de Cristo. William Colgate tem um legado duradouro porque, como um líder fiel, assumiu o papel destinado para ele, atuando em sua esfera com excelência e à luz dos padrões do Reino. Assim como ele, nós, os líderes do amanhã, precisamos compreender que, ao influenciar as esferas da sociedade — família, religião, educação, governo, mídia, artes e negócios —, a Igreja se posiciona para cumprir a missão em toda a sua plenitude, vivendo o *Coram Deo* e discipulando não apenas indivíduos, mas nações inteiras. Quando isso ocorre, o Reino de Deus deixa de ser um ideal distante para se tornar uma realidade palpável.

CORAM DEO

O *Coram Deo* ("perante Deus", em português) é uma convocação a uma vida de integridade e propósito. A palavra latina *Coram* é relacionada à pupila do olho, e simboliza a importância de manter uma visão clara e de reconhecer a presença do Senhor em nosso cotidiano. Viver *Coram Deo* é, portanto, submeter-se à autoridade divina, buscando honrá-lO em todas as dimensões da vida. Entretanto, frequentemente caímos na tentação do dualismo — essa separação entre o sagrado e o secular —, relegando a fé a uma esfera meramente espiritual e ignorando a soberania de Cristo sobre todos os aspectos da existência — o que é uma grande armadilha e totalmente contrário às palavras de Jesus em Mateus 5.13-16. Na passagem, Ele nos desafia a ser o sal da Terra e a luz do mundo, exortando-nos a não nos isolarmos em

O GATILHO

muros evangélicos, mas a brilhar e influenciar a cultura que nos cerca.

Ao reconhecermos Deus como Criador, Redentor e Sustentador de todo o Universo, libertamo-nos da ilusão do dualismo. Em Salmos 24.1, somos lembrados de que: "Ao Senhor pertence a terra e a sua plenitude, o mundo e os que nele habitam". Embora a criação tenha sido corrompida pelo pecado, ainda carrega sua dignidade e propósito. Uma vez que O colocamos no centro de nossas vidas, tudo o mais — família, educação, trabalho, ministério — passar a girar em torno d'Ele, pois n'Ele tudo subsiste.[6]

Além disso, ao nos comprometermos a viver *Soli Deo Gloria* ("para a glória de Deus", em português), encontramos o verdadeiro sentido da existência. As profecias de Isaías 60.19 e Apocalipse 21.23 anunciam um futuro em que o Senhor será a nossa luz eterna, enquanto Habacuque 2.14 reafirma que a Terra se encherá do conhecimento da Glória do Altíssimo, assim como as águas cobrem o mar. Quando buscamos, contemplamos e testemunhamos a obra de Deus, nossas vidas devem refletir Sua Glória; é nosso dever viver para resplandecer essa Glória por meio de nossas ações e em tudo o que fizermos, incluindo nossas profissões e talentos.

A vida de um líder cristão deve integrar o secular e o sagrado, caminhando em total conformidade com a vontade divina. Não existem dois mundos; estamos imersos em uma única realidade, a qual deve se desdobrar em plena obediência a Ele, refletindo Sua soberania e

CAPÍTULO 7

cumprindo Seu propósito em meio a uma criação ansiosa por redenção. É apenas com essa visão de fé holística e a vivência de um cristianismo integral que conseguiremos, de fato, viver *Coram Deo*.

DA SALA DE ESTAR AO TOPO DA LISTA DE INFLUÊNCIA

Ao viver *Coram Deo* de maneira prática, promovemos a cultura do Reino e desmantelamos os sistemas opressores deste mundo. Um exemplo perfeito dessa realidade é a história de David e Barbara Green, um casal que, em 1970, assumiu um risco significativo ao contrair um empréstimo de 600 dólares — uma quantia considerável na época. Esse ato ousado foi o ponto de partida para um futuro empreendimento global.

O projeto começou de maneira modesta, na sala de estar de sua casa, onde decidiram fabricar pequenas molduras de fotos. Naquele momento, não havia um plano grandioso, apenas a vontade de tentar algo novo. Dois anos depois, no entanto, esse experimento cresceu e resultou na abertura de uma loja de 28 metros quadrados em Oklahoma, a Hobby Lobby.[7] Nos dias de hoje, a empresa é a maior varejista de artes e artesanato de propriedade privada no mundo, fabricando desde molduras a fabricação de joias, de tecidos a suprimentos florais, e até acessórios de casamento e decoração sazonal, com mais de mil lojas espalhadas por 48 estados e mais de 46.000 funcionários. Mas, mais do que uma cadeia de lojas de varejo, por trás da enorme sede em Oklahoma, a Hobby

O GATILHO

Lobby é um negócio cuja identidade está entrelaçada com as convicções pessoais de seus fundadores: seus valores profundamente enraizados na Bíblia.

A família Green estabeleceu um império alicerçado na Palavra de Deus, tendo como uma de suas decisões mais notáveis o fechamento de todas as lojas aos domingos — uma medida praticamente inédita no cenário varejista contemporâneo. Em um tempo em que a maximização das horas de operação costuma ser sinônimo de aumento de lucros, eles escolheram priorizar o tempo dos colaboradores para a convivência familiar e para o culto ao Senhor. Além disso, a família Green destacou-se por oferecer salários significativamente superiores ao mínimo nacional, uma escolha comprometida com a justiça e com o amor ao próximo. Quando questionado sobre essas decisões, David Green afirmou acreditar que a Hobby Lobby havia prosperado pela Graça e pela provisão do Pai, e que Ele havia sido fiel no passado, então confiavam n'Ele para o futuro.

Os Green não construíram apenas uma empresa, e sim um *ethos*[8] — uma cultura. Sua fé em Deus guiou cada grande decisão, desde oferecer valor excepcional aos clientes até criar um ambiente de trabalho que promove o desenvolvimento de caráter e nutre famílias. A decisão de manter princípios bíblicos nas operações comerciais, desde as disputas legais até as políticas para funcionários, fez da empresa um alvo tanto de admiração quanto de críticas; no entanto, permaneceram navegando pelas complexidades do varejo moderno com um firme

CAPÍTULO 7

compromisso com os valores que a lançaram, tocando milhares de pessoas, especialmente no mundo dos negócios, com a mensagem do Evangelho. Em troca, foram recompensados pelo Senhor e, hoje, compartilham os méritos de seu sucesso não apenas com seus funcionários, mas também com suas comunidades.

As trajetórias da família Green e de William Colgate são exemplos de uma vida *Coram Deo*. Quando deram um passo de fé, confiando plenamente no Senhor, o extraordinário aconteceu! É dessa mesma forma que nós, líderes cristãos, devemos impactar a sociedade: reconhecendo a soberania do Pai e nos aventurando constantemente por territórios desconhecidos, nos quais as promessas de Deus se tornam as nossas únicas referências seguras e nos provocam a tomar decisões que desafiam a lógica humana.

Embora a fé, muitas vezes, pareça estritamente sobrenatural e distante, ela se revela em ações cotidianas; nós a exercitamos diariamente, sem nem sequer perceber. Como diria a minha mãe, acontece igualmente a quando pegamos um voo: confiamos na rota sem questionar se ele parará em outro lugar, como também acreditamos na segurança da aeronave — tudo isso sem notar. Contudo, quando confrontados com situações mais graves, como orar por uma cura, nossa confiança vacila. Para Deus, porém, não há distinção entre o ordinário e o extraordinário — seja a cura de uma dor de cabeça ou a recuperação de um câncer, Seu poder permanece ilimitado.

O GATILHO

O verdadeiro desafio da nossa pouca fé tem a sua raiz em nossa falta de capacidade de compreender o coração do Pai diante das circunstâncias. Quando nossa confiança repousa em Seu poder, somos capacitados para realizar feitos que ultrapassam nossas habilidades e expectativas. Na Bíblia, vemos esse princípio se manifestar claramente na travessia dos hebreus, por exemplo, quando, cercados pelo exército do faraó, tiveram de escolher entre voltar à escravidão ou confiar em Deus para atravessar o mar. Moisés, compreendendo o coração do Senhor, obedeceu sem hesitar e viu o milagre acontecer.[9] Da mesma forma, como filhos de Deus, chamados para liderar, somos instigados a andar pela fé, confiando que, ao nos movermos em obediência radical, testemunharemos o sobrenatural.

UMA DECISÃO QUE MUDOU O PAÍS

Ao refletir sobre fé e risco, imediatamente penso sobre a história de um amigo querido, com quem tive o privilégio de dialogar a respeito da concepção deste livro. O homem sobre quem falo era um jovem cristão, formado em Direito, cuja vida fora marcada pela dedicação ao Senhor e pelo estudo. Inspirado por Deus, ele decidiu encarar um dos concursos mais desafiadores do Brasil: o de Procurador da República. Muitos buscam seguir essa carreira para ter um excelente salário, alcançar prestígio social ou obter um atalho para o sucesso; esse jovem, contudo, enxergava a procuradoria como uma oportunidade de cumprir o mandamento de Jesus: amar

CAPÍTULO 7

o próximo.[10] Então, após meses de esforço e oração, ele finalmente foi aprovado e assumiu o cargo.

Com uma determinação feroz, lançou-se em vários casos de corrupção em sua cidade, obtendo êxito em todos eles. No entanto, com o passar do tempo, o que antes parecia um caminho claro e promissor, transformou-se em um labirinto de frustrações: seus casos começaram a ser anulados e prescritos, e as prisões que decretou logo foram desfeitas, colocando muitos de volta em liberdade. Nesse cenário desalentador, o jovem se apegou à palavra de Miqueias 7.7, decidido a fazer o seu melhor, mesmo quando as engrenagens da justiça pareciam estar ajustadas para favorecer a corrupção. De forma dolorosa, aprendeu que o sistema, muitas vezes, opera em defesa dos poderosos, mantendo a ordem de um mundo perverso.

Diante dessa realidade, ele decidiu, então, inscrever-se para um mestrado em Harvard e, para sua surpresa, foi aceito. Após consultar ao Senhor, aos pastores e a pessoas próximas, tomou a difícil decisão de deixar o Brasil com a sua esposa. Nos Estados Unidos, juntou-se a uma pequena igreja no campus universitário, onde começou a servir como motorista e a participar de grupos de estudos bíblicos. Em meados de 2013, durante uma última reunião de estudo, o líder do grupo fez uma oração especial por ele, declarando que voltaria ao Brasil e enfrentaria um dos maiores corruptos do país. Disse, ainda, que, por conta disso, sua família receberia inúmeras ameaças, mas Deus estaria com ele o tempo todo. A profecia

O GATILHO

provocava um misto de medo e conforto — medo pois se via diante de um futuro incerto e perigoso; conforto pois, inicialmente, essa realidade parecia impossível no Brasil, já que a cultura parecia blindar alguns nomes da aplicação correta da lei.

Em março de 2014, o cenário antes improvável começou a se materializar de formas inimagináveis. Sob a liderança da Polícia Federal, do Ministério Público Federal e da Justiça Federal, uma investigação sobre um esquema de lavagem de dinheiro, ligado a um posto de gasolina, iniciou-se. A curiosidade de diversos agentes e, especialmente, o trabalho desse procurador fizeram com que a investigação avançasse rapidamente, revelando um labirinto de corrupção envolvendo políticos, empresários e as maiores empresas do país. Essa história pouco conhecida é a do Procurador Deltan Dallagnol[11], peça fundamental na Operação Lava Jato, uma das mais significativas e complexas investigações de corrupção e lavagem de dinheiro na história do Brasil, a qual trouxe à luz um esquema bilionário de desvio de recursos da Petrobras, a maior estatal do país.

Os desdobramentos começaram com a prisão do dono de um posto de gasolina, que, em troca de delação, expôs uma rede de pagamentos de propina, conectando políticos de diferentes partidos, incluindo ex-presidentes do país a executivos de grandes corporações. A promiscuidade entre o setor público e privado ficou clara, revelando um sistema aparentemente indestrutível. A atuação de Dallagnol foi crucial para desmantelar essa

CAPÍTULO 7

estrutura corrupta e o seu nome ficou marcado na história do Brasil.

Após o término dessa significativa e crucial operação de combate à corrupção, Dallagnol viu-se relegado à tarefa de julgar casos triviais, enquanto o sistema, de forma evidente, buscava boicotá-lo. Dessa forma, após um extenso período de reflexão e oração, questionando Deus sobre os passos a serem tomados diante daquele cenário, decidiu abraçar a escolha mais desafiadora de sua vida: renunciar a uma carreira segura e confortável para se candidatar ao cargo de Deputado Federal, impulsionado por sua fé nos planos do Senhor. Com três filhos, incluindo uma filha autista, sua decisão foi meticulosamente ponderada. Então, aconselhado e encorajado por líderes espirituais, familiares e amigos íntimos, lançou-se à corrida eleitoral, crendo firmemente na Palavra de Deus. O resultado? Foi eleito com um dos maiores números de votos do país.

Infelizmente, poucos meses após a posse, seu cargo foi cassado pela Mesa Diretora da Câmara. A decisão foi tomada contra os pareceres do Ministério Público e da decisão unânime da 2ª Instância, sendo emitida por um ministro do Tribunal Superior Eleitoral (TSE) delatado na Lava Jato, que, ao "legislar", criou uma inelegibilidade inexistente para "caçá-lo". Um membro do Ministério Público só se torna inelegível quando está com um processo disciplinar pendente, o que não era o caso do procurador, visto que não havia respondido à investigação criminal nem a nada potencialmente grave.

O GATILHO

Além disso, foi conduzido um processo responsabilizando Dallagnol e outros procuradores por supostas irregularidades relacionadas ao uso de diárias e passagens aéreas durante a Operação Lava Jato. Em 2022, o Tribunal de Contas da União (TCU) condenou o procurador a devolver uma quantia em dinheiro ao erário, alegando má gestão desses recursos. Entretanto, Dallagnol recorreu à Justiça, argumentando que a responsabilidade sobre as despesas recaía sobre outros agentes administrativos, e não sobre ele, diretamente. Dessa forma, com exceção da área política do TCU, que incluía dois ministros mencionados em delações da Lava Jato e um terceiro, cujo filho enfrentava acusações, foi dado parecer favorável a Dallagnol, anulando a decisão com a alegação de "manifestas e evidentes ilegalidades" e "indícios de quebra de impessoalidade" — ou seja, que não havia base legal para responsabilizá-lo —, caracterizando uma clara perseguição política a Dallagnol.

O Tribunal Regional Federal da 4ª Região (TRF-4) manteve essa decisão em setembro de 2024, declarando que não havia irregularidades substanciais nos gastos que justificassem uma ação de tomada de contas especial contra ele. Também foi afirmado que, caso houvesse irregularidade, Dallagnol não seria responsabilizado, pois não recebeu nem pagou os valores em questão. Essa conclusão foi corroborada por um juiz técnico.

A reação contra a Lava Jato envolvia muitas figuras poderosas. Alguns, embora equivocados, acreditavam que a operação cometera excessos; no entanto, os verdadeiros

CAPÍTULO 7

adversários eram os que a atacavam por seus acertos. Nesse momento, surgiu um novo grupo: bajuladores do ex-presidente acusado, os quais visavam obter nomeações ou influenciar escolhas para altos cargos na República em caso de reeleição.

Dois dias após a cassação, Dallagnol, em silêncio no avião de volta para casa, refletindo sobre a vastidão do Universo, decidiu orar. Com o coração pesado, questionou a Deus sobre toda aquela injustiça avassaladora e a sensação de abandono apertando o seu peito. Em seu íntimo, o Senhor lhe respondeu, fazendo-o perceber que as pessoas ao seu redor lhe ofereciam uma mensagem de confiança, força e resiliência. Ele se lembrou dos que haviam compartilhado sua dor e injustiça, chorando por ele e orando em seu favor, encorajando-o a não desistir — o que o fortaleceu naquela situação.

Entretanto, preocupações concretas ainda tentavam tirar a sua paz. Ele temia que a injustiça ameaçasse o patrimônio de sua família, uma vez que estava sendo indiciado a pagar milhões de reais injustamente. Sentia-se disposto a pagar o preço por lutar por justiça, mas a dor de ver sua esposa e filhos sofrerem o peso da injustiça o angustiava. Então, o Senhor o consolou mais uma vez, fazendo-o se lembrar da forma como, em situações passadas, Ele havia providenciado soluções inesperadas, como quando fora condenado injustamente a pagar uma quantia elevada ao Estado e, em um curto espaço de tempo, milagrosamente, recebera recursos suficientes de milhares de pessoas ao redor do país.

O GATILHO

Por fim, a constante sensação de perseguição e a frustração por não conseguir realizar seu sonho de transformação o levaram a buscar uma nova resposta. Nesse momento, Deus o fez recordar de Moisés e da direção divina recebida para guiar os israelitas na fuga do Egito, mesmo diante de adversidades aparentemente intransponíveis. Essa lembrança trouxe-lhe um novo entendimento sobre a necessidade de perseverar em seu propósito, independentemente dos desafios.

Existe em nossa nação, hoje, uma extrema necessidade de líderes dispostos a servir ao bem comum, e não a interesses próprios, como Dallagnol, que, desde o princípio, se posicionou em favor do Evangelho, comprometido em usar seus dons e talentos para a expansão do Reino. Sua liderança, fundamentada nos princípios de Deus, despertou no Brasil um clamor por uma nova era, na qual corrupção e injustiça já não seriam mais toleradas. O procurador compreendeu a urgência em mobilizar e organizar aqueles que aspiravam por um país mais justo e próspero.

Refletir sobre a postura de líderes como Deltan me leva a reafirmar que, se o Brasil deseja instaurar uma reforma genuína na sociedade, é imprescindível a ocupação de cargos importantes por pessoas cheias do Espírito Santo, nas sete esferas de influência, as quais estejam dispostas a assumir ofícios com comprometimento absoluto. Essa dedicação requer não apenas responsabilidades ampliadas, mas também uma coragem constante e uma renúncia ao egocentrismo, pois fomos convocados para

CAPÍTULO 7

tal propósito. Os mais jovens, principalmente, precisam compreender a importância de não se esquivarem de suas responsabilidades, e reconhecer que, para liderar o amanhã, é fundamental uma consciência global e um entendimento profundo das Escrituras. Tal como Daniel, descrito na Bíblia como um homem de "espírito excelente", detentor de "sabedoria e inteligência em toda cultura e ciência"[12], oro para que a Igreja possa reconhecer a necessidade de não se restringir às quatro paredes, mas de atuar com integridade, diligência, sabedoria e fé, empenhando-se na transformação desta geração.

QUE A **IGREJA** POSSA RECONHECER A NECESSIDADE DE NÃO SE RESTRINGIR ÀS QUATRO PAREDES, MAS DE ATUAR COM **INTEGRIDADE**, DILIGÊNCIA, SABEDORIA E FÉ, EMPENHANDO-SE NA **TRANSFORMAÇÃO** DESTA GERAÇÃO.

CAPÍTULO 8

JANELAS DE OPORTUNIDADE

CAPÍTULO 8

No evangelho de Marcos, capítulo 10[1], lemos que Jesus e Seus discípulos chegaram a Jericó e uma grande multidão começou a segui-los. Sentado à beira do caminho estava Bartimeu, o filho de Timeu. Ele era um homem cego e impossibilitado de exercer qualquer trabalho; sua sobrevivência dependia das esmolas que recebia. Preso a uma rotina imutável e sem qualquer perspectiva de mudança, Bartimeu ocupava o mesmo espaço, dia após dia, em uma existência marcada pela estagnação e resignação.

No entanto, naquele dia, algo diferente aconteceu: Bartimeu ouviu que Jesus de Nazaré passava por ali. Ao perceber a oportunidade, ele começou a clamar em alta voz: "Jesus, Filho de Davi, tem misericórdia de mim!" — e não o fez de maneira contida ou respeitosa; seu clamor era desesperado, um grito que sobrepunha o barulho da multidão ao seu redor. Ele estava determinado, causando uma disrupção no ambiente, rompendo com o *status quo*, incomodando seu entorno social. Sua atitude foi a expressão de uma urgência intensa, que começou a tirar de suas zonas de conforto os que estavam ao redor.

Bartimeu, nesse momento, remete-me à figura daquele que, arrebatado por uma paixão incondicional por Jesus, desafia e abala as estruturas estabelecidas da ordem vigente. O fervor espiritual, quando manifestado com tal veemência, inevitavelmente provoca desconforto em uma sociedade que valoriza, quase obsessivamente, a manutenção da normalidade e a busca por estabilidade e equilíbrio. Para muitos, essa intensidade se revela

O GATILHO

profundamente perturbadora. Da mesma forma que Bartimeu inquietava os que o cercavam, uma paixão genuína por Cristo inevitavelmente desestabiliza aqueles que preferem uma espiritualidade controlada e morna, caracterizada por uma aversão ao imprevisível e ao desconhecido.

A Bíblia relata que muitos o repreendiam para que se calasse. Ao manifestar sua fome desesperada por Jesus, em vez de encontrar compaixão ou empatia, Bartimeu deparou-se com uma resistência implacável. Esse fato lança luz sobre um aspecto fundamental da natureza humana: uma tendência quase visceral de preservar a normalidade, mesmo que a custo de sufocar o extraordinário. Quando alguém ousa transgredir essa ordem estabelecida — seja no seio familiar, na igreja ou em qualquer outro contexto social —, uma reação adversa, uma resistência, se torna, muitas vezes, inevitável. O ser humano, por instinto, busca proteger a estabilidade conquistada, reagindo com força diante de qualquer ameaça que ouse perturbar aquilo que é percebido como seguro e previsível.

A paixão por Cristo, por sua própria natureza, desafia os padrões da normalidade estabelecida. Quando o Espírito Santo inflama um coração, esse ardor traz consigo uma inevitável disrupção; toda disrupção, por sua vez, encontra relutância. Assim como Bartimeu, que foi repreendido por aqueles que o cercavam, o cristão fervoroso encara obstáculos, mas sua sede por Jesus deve ser mais profunda que a oposição que enfrenta.

CAPÍTULO 8

Bartimeu não se deixou silenciar; ao contrário, o texto nos revela que ele clamava ainda mais. Essa expressão, "ainda mais", carrega um peso significativo, pois é a mesma usada pelos apóstolos em Atos, logo após sua prisão, quando clamaram por mais ousadia para proclamar o Evangelho.[2] O que vemos em ambos os casos é uma fé inabalável, que, diante da oposição, não se retrai, mas cresce em intensidade — resultado que me desafiou a refletir sobre a profundidade da minha própria busca por Cristo. Será que, ao enfrentar obstáculos e críticas, minha paixão por Jesus esmorece, levando-me a um silêncio conformado? Ou será que, como Bartimeu e os apóstolos, tenho dentro de mim um "ainda mais", uma convicção tão profunda e arraigada que nenhuma adversidade pode sufocar?

A verdadeira paixão por Cristo resiste à oposição, atravessa os obstáculos e persiste em seu clamor. Bartimeu estava certo de que aquele era seu momento singular, sua chance irrepetível de alcançar a cura que tanto almejava. Sua fé inabalável e determinação não o permitiram desistir ou se calar. De forma análoga, devemos viver com a certeza de que Deus nos designou para este exato momento, para cumprir Seu propósito em nossa vida. Cada período da história traz consigo

> **QUANDO O ESPÍRITO SANTO INFLAMA UM CORAÇÃO, ESSE ARDOR TRAZ CONSIGO UMA INEVITÁVEL DISRUPÇÃO.**

O GATILHO

novos desafios e oportunidades, mas é essencial estarmos convictos de que o Senhor nos levantou precisamente para agir e influenciar neste tempo específico.

O versículo 49 narra um momento singular: "E Jesus, parando, disse que o chamassem; e chamaram o cego, dizendo-lhe: Tem bom ânimo; levanta-te, que ele te chama" (ARC). Embora breve, esse versículo encerra uma profundidade de significado que me impressiona. Jesus responde ao clamor de Bartimeu apenas na segunda súplica, e não na primeira. Isso me faz pensar em quantas vezes estamos a uma súplica de distância de um rompimento, mas, por fraqueza, desistimos de insistir. Talvez, no primeiro clamor, ouvimos a voz da conformidade sugerindo que "exageramos" e, por isso, nos aquietamos, permanecendo aquém do que Deus nos preparou. Quantas janelas de oportunidade deixamos passar por falta de um "ainda mais"? Quantas ocasiões de rompimento se perderam porque faltou uma oração, um jejum ou uma vigília que poderiam ter sido decisivos?

Bartimeu, no entanto, não sucumbiu ao cansaço ou à dúvida. Ele carregava consigo uma determinação inabalável, uma urgência que o impulsionava a clamar: "Jesus, filho de Davi, tem misericórdia de mim!". Mesmo diante das vozes que o repreendiam, ele persistiu, porque compreendia que, para alcançar o que desejava, era necessário atravessar a barreira da resistência. Mas, acima de tudo, Bartimeu sabia que aquele momento era irrepetível — uma janela de oportunidade única que ele não poderia deixar escapar. Sua atitude reflete a consciência de que,

CAPÍTULO 8

diante de um encontro com Cristo, o tempo é precioso, e a hesitação pode custar o milagre. Não adiou, não postergou, porque entendeu que aquele instante era o seu momento de romper.

No mesmo texto, ainda vemos Bartimeu lançar de lado sua capa, levantar-se rapidamente e ir ao encontro de Jesus, que lhe faz uma pergunta direta: "O que você quer que Eu te faça?". Ao responder com simplicidade e fé: "Mestre, eu quero ver", sua cura é imediata, e, a partir daquele momento, ele segue a Cristo no caminho. Bartimeu soube aproveitar sua janela de oportunidade, entregando tudo o que tinha, sem reservas, sem medo de perder o momento. Essa história ecoa uma verdade que transcende o tempo.

Ao considerarmos a vida no Reino de Deus, um princípio essencial que deve ser compreendido é o das **janelas de *kairós***. Esse conceito vai além de uma simples metáfora, representando uma realidade espiritual profunda que nos instrui sobre a natureza das oportunidades divinas em nossa trajetória. As janelas de *kairós* não são permanentes; ao contrário, sua abertura é temporária e finita. Muitas vezes, aqueles que não possuem discernimento espiritual tendem a reduzir essas oportunidades a meros eventos passageiros, ignorando que elas constituem momentos privilegiados, oferecidos pelo Espírito Santo para nos guiar em direção ao nosso propósito.

Kairós[3], nesse contexto, remete ao "tempo de Deus", distinto do tempo cronológico, o *chronos*[4], que medimos em horas, dias e anos. As janelas de *kairós*, por

QUANDO ALGUÉM OUSA TRANSGREDIR ESSA **ORDEM ESTABELECIDA** — SEJA NO SEIO FAMILIAR, NA IGREJA OU EM QUALQUER OUTRO CONTEXTO SOCIAL —, UMA REAÇÃO ADVERSA, UMA **RESISTÊNCIA**, SE TORNA, MUITAS VEZES, INEVITÁVEL.

CAPÍTULO 8

sua própria natureza, podem se abrir por breves instantes ou prolongar-se por longas temporadas, mas invariavelmente permanecem limitadas no tempo. Aqueles que falham em reconhecer essa limitação podem acabar perdendo momentos decisivos em suas jornadas espirituais. O hábito de procrastinar ou subestimar o tempo — pensar que "mais tarde haverá outra oportunidade" — ignora o poder transformador de estar no lugar certo, no momento certo.

O versículo de Isaías 22.22 recorda-nos de que a porta que Deus abre ninguém pode fechar, e a mesma verdade se aplica àquelas portas que Ele fecha, as quais não nos conduziriam aos Seus propósitos. As janelas de *kairós* funcionam como catalisadores espirituais, acelerando o cumprimento dos planos divinos em nossas vidas.

Para maximizar essas inclinações e direções que o Espírito Santo coloca em nosso caminho, é necessário desenvolver uma sensibilidade afinada. Não se deve ignorar os momentos em que um chamado acontece, mesmo que o contexto aparente seja de desconforto. A atenção não deve se restringir apenas às grandes temporadas, mas também aos pequenos instantes que Deus utiliza para operar. Esses momentos, muitas vezes revestidos de simplicidade, carregam um peso eterno e são fundamentais para o avanço do Reino de Deus na Terra.

Ao olhar para a minha caminhada, percebo que um tema recorrente em minhas orações tem sido o pedido para que Deus me conecte com as pessoas certas, aquelas que possam me ajudar a conhecer mais profundamente Sua essência e a cumprir Seus propósitos. Meu pai espiritual, Dr. Kingsley Fletcher, sempre me dizia: "Você está a uma conexão divina de distância do seu propósito em Deus; tudo o que precisa é encontrar a pessoa que abrirá a porta para você alcançar o seu próximo nível".

Inclusive, a minha conexão com ele teve início em 2002. Enquanto servia como missionário em Nova Delhi, Índia, comecei a sentir uma inquietação espiritual que me levou a buscar uma renovação interior mais profunda. Durante um período de jejum, minha mãe, que na época realizava um doutorado nos Estados Unidos, discerniu uma janela de *kairós* em uma aula que frequentava. Um professor convidado, homem de profunda comunhão com Deus, tornou-se meu mentor, e essa conexão, estabelecida em um momento decisivo, alterou o curso de minha vida de maneira irrevogável. Esse testemunho ilustra o poder transformador das janelas de *kairós* e como elas podem funcionar como pontos de inflexão em nossas jornadas.

Essas janelas divinas assemelham-se a uma sequência de dominós que, ao serem tocadas, desencadeiam uma série de eventos significativos. Ao examinarmos as Escrituras, percebemos que a história da Igreja teve seu início em uma janela de *kairós* registrada em Atos 2.2, quando 120 discípulos esperavam no cenáculo. Eles estavam precisamente no lugar certo e na hora certa para testemunhar o derramar do Espírito Santo. Trata-se do mesmo ponto de gatilho que esteve presente na história

CAPÍTULO 8

do paralítico, relatada em João 5, que buscava cura nas águas do tanque de Betesda. Sua cura, no entanto, não advém da movimentação das águas, mas do encontro providencial com Jesus, que Se manifestou naquele instante oportuno, revelando, assim, que o milagre ocorreu no exato momento designado por Deus.

Viver com a consciência das janelas de *kairós* nos convida a uma vida de vigilância e discernimento. Cada momento pode ser uma oportunidade para se conectar com o propósito de Deus. Ao reconhecer o poder de estarmos no lugar certo, na hora certa, e a importância de nos mantermos fiéis em nossa jornada, tornamo-nos mais aptos a avançar no Reino, aproveitando ao máximo as oportunidades que o Senhor nos apresenta.

O PODER DE ESTAR PRESENTE

É inegável que, conforme mencionei, a identificação das janelas de *kairós* — os momentos oportunos de Deus — requer um refinado senso de sensibilidade e discernimento espiritual, a fim de que não sejamos seduzidos por janelas de "oportunidade" que, embora pareçam promissoras à primeira vista, na verdade nos desviam dos propósitos do Senhor. Não me refiro apenas a caminhos evidentes de vícios, promiscuidade ou outras práticas flagrantemente afastadas de Deus. Muitas vezes, as distrações surgem até mesmo dentro da própria Igreja, onde somos levados a seguir direções contrárias aos ensinamentos de Cristo. Isso pode se manifestar em envolvimentos com

O GATILHO

visões distorcidas ou corrompidas do Evangelho, em lideranças abusivas, em uma cultura de ativismo desmedido e em diversas outras influências insidiosas. Assim, desejo refletir sobre alguns princípios que nos sustentam em nossa caminhada com Cristo, amadurecendo-nos para discernir corretamente as janelas que Ele, em Sua soberania, nos abre.

Anos atrás, recebi um convite para lecionar na Universidade das Nações, afiliada à JOCUM, no Havaí. Inicialmente, hesitei em aceitar a proposta sem a companhia de amigos próximos e, por isso, convidei alguns para se juntarem a mim. "Será uma experiência extraordinária", assegurei-lhes, destacando a promessa de manhãs dedicadas ao ensino e tardes livres para aproveitarmos as praias. A perspectiva de explorar o Havaí parecia irresistível para todos nós, e a jornada prometia ser inesquecível.

Ao chegarmos ao nosso destino e nos instalarmos nas acomodações, nossos anfitriões no Havaí nos surpreenderam com uma pergunta inusitada: "Vocês têm coragem de saltar de penhascos diretamente no mar?". Confusos, pedimos mais detalhes, e eles nos explicaram sobre um local conhecido pelos nativos como End of the World, um penhasco com a altura equivalente a um edifício de cinco andares, de onde se podia mergulhar nas profundezas do oceano. A simples menção desse nome despertou em mim uma mescla de fascínio e apreensão.

Decidimos explorar o local e, após uma hora de viagem, finalmente chegamos a esse refúgio secreto, conhecido apenas pelos habitantes locais. Ao estacionarmos,

CAPÍTULO 8

fomos imediatamente tomados pela visão do oceano, que se estendia em um azul infinito sob o céu cristalino, formando uma paisagem digna de um cartão-postal. Antes que eu pudesse processar a cena, um dos meus amigos já havia se despido e, com um salto audacioso de aproximadamente 15 a 20 metros, atirou-se ao mar. A água, surpreendentemente translúcida, revelava os corais no fundo, e, por um breve instante, fui tomado por uma preocupação genuína de me ferir gravemente.

Enquanto contemplava a imensidão azul à minha frente, os três amigos que haviam viajado comigo do Brasil repetiram o salto com entusiasmo renovado. Uma escada rudimentar, fixada às rochas, oferecia o único acesso para quem ousasse realizar o mergulho. "Tire uma foto, registre com a GoPro", pediam eles, animados. Eu, por outro lado, assumi a função de observador, capturando cada momento em fotos. Em uma das imagens, os três já estavam submersos, acenando para que eu também saltasse. Com um sorriso tímido e desconfortável, respondi que logo seria minha vez, enquanto pensava silenciosamente: "Será que vim de tão longe apenas para ficar parado?". Dez minutos depois, eu saltei.

Contemplando a vastidão do oceano e os corais abaixo, refleti sobre o simbolismo de estar à beira do precipício e entendi que o simples fato de estar presente, de comparecer, já nos aproxima de um salto de fé. A própria presença exerce uma força transformadora, um princípio que se estende a diversos aspectos da vida.

O GATILHO

O simples ato de retornar à sala de aula, mesmo sem dominar plenamente a matéria, possui um valor inestimável. Da mesma forma, perseverar nos treinos, apesar das adversidades, demonstra-se mais significativo do que, à primeira vista, se pode conceber. Lembro-me de quando comecei a treinar jiu-jitsu, a frustração de ser repetidamente esmagado e finalizado era constante. Contudo, um experiente mestre faixa-preta, observando-me em um desses momentos, olhou em meus olhos e simplesmente disse: "Nos primeiros meses, sua única missão é sobreviver. Apenas volte ao tatame todos os dias".

Não é necessário ser o mais habilidoso ou talentoso, mas a constância em estar presente ativa um processo de transformação gradual. Às vezes, não é necessário ser o líder mais capacitado; comparecer para servir na igreja, por exemplo, pode ser o primeiro passo para o surgimento de uma oportunidade inesperada de liderança. Da mesma forma, aqueles que, como eu, não tiveram a oportunidade de crescer em lares estruturados, podem construir a família que sempre sonharam, desde que se disponham a confrontar suas feridas e a trilhar o caminho da cura.

A crença de que o talento é o elemento preponderante para o sucesso constitui uma falácia. O que efetivamente distingue aqueles que alcançam suas metas é a fidelidade e a constância. Em muitas situações, a mera presença se revela suficiente para provocar transformações poderosas. Com o decorrer do tempo, essa

CAPÍTULO 8

fidelidade se converte não apenas em um discernimento apurado para identificar as janelas de *kairós* de Deus, mas também em conquistas inesperadas: um diploma, a obtenção de uma vaga em um time, ou até mesmo a realização de um matrimônio e a educação de filhos dedicados ao altar.

A PAIXÃO COMO FORÇA MOTRIZ

Avançando para mais um ponto crucial: os hábitos que cultivamos moldam inevitavelmente o destino de nossas vidas. Existem inúmeras maneiras de desenvolvê-los, mas nenhum método é tão poderoso quanto a força da paixão. A paixão atua como o motor que impulsiona a formação de hábitos; sem ela, corremos o risco de nos tornarmos autômatos, presos à monotonia do cotidiano. Quando uma paixão verdadeira se apodera de nós, os hábitos começam a se alinhar automaticamente nessa direção. A paixão, assim, revela-se como a disciplina mais eficaz que podemos cultivar.

Entretanto, essa paixão transcende o campo das emoções românticas; trata-se de encontrar uma causa, um ideal elevado no qual acreditamos poder fazer a diferença. Na juventude, essa busca é particularmente intensa, pois o desejo de se engajar em algo maior que nós mesmos nos consome. Não é raro que isso nos leve a tomar decisões ousadas — quem, afinal, nunca cometeu atos impulsivos movidos por um amor juvenil? Eu mesmo já me vi, em um ímpeto, dirigindo por horas apenas para encontrar

O GATILHO

alguém. A paixão nos leva a escolhas que, com o tempo, fazem-nos refletir: "No que eu estava pensando?".

E, aqui, reside um ponto fundamental: Deus nos criou para experimentarmos impulsividade durante a juventude, permitindo-nos, ao longo dos anos, amadurecer e tomar decisões mais racionais. É um processo natural: com o avanço da idade, tendemos a buscar escolhas mais calculadas. No entanto, é nesse ímpeto juvenil que nos apaixonamos profundamente por causas, como a do Evangelho. O Inimigo, por sua vez, tem plena consciência do poder dessa paixão juvenil, e é por isso que ele deseja subvertê-la. Quando a direcionamos às coisas do mundo, porém, corremos o risco de nos perder. Por isso, é essencial que a paixão seja usada como um presente divino, canalizado para o Reino de Deus.

Ao encontrar essa paixão na juventude, mesmo que a razão predomine mais tarde, ela fornece um propósito sólido que nos mantém firmes. As tentações certamente continuarão a surgir, mas aquele que sabe que ceder significaria um grande erro permanece inabalável. A paixão nos conduz ao sacrifício, impulsiona-nos a entregar tudo em nome do chamado divino. Quando decidi me submeter ao árduo treinamento sob a orientação de Dr. Kingsley Fletcher, sabia que a jornada seria difícil, mas a paixão pelo Evangelho me sustentava. Hoje, ao olhar para trás, vejo os desafios que enfrentei, mas, naquele momento, a paixão me deu propósito e direção. Cada sacrifício que fiz acelerou meu crescimento espiritual de uma forma que eu jamais imaginava possível.

CAPÍTULO 8

Encontre sua verdadeira paixão e dedique-a ao serviço do Reino. Você perceberá como cada renúncia se torna uma fonte de renovação e força em sua caminhada com Cristo.

Talvez você não tenha crescido em um ambiente cristão, e, ao decidir seguir a Cristo, suas escolhas mudaram de maneira profunda e visível. Você começou a dedicar tempo à leitura das Escrituras, à oração e à adoração em sua intimidade com Deus, e essa transformação não passou despercebida por seus familiares. Seus pais, por exemplo, podem ter notado que, agora, você sai menos com os amigos e frequenta a igreja de maneira mais assídua, questionando o motivo de tamanha dedicação aos cultos dominicais. Nessa conjuntura, você se depara com a necessidade de um sacrifício: renunciar a certos confortos familiares em prol da afirmação de sua nova fé. Com firmeza, você reafirma diante deles que sua escolha de seguir a Cristo é uma decisão pessoal e inabalável. No entanto, preocupados, eles podem interpretar essa dedicação como um sinal de "fanatismo" ou um "comprometimento excessivo com a igreja".

Essa decisão, porém, lhe confere um novo vigor em sua jornada. E, então, surge outro desafio quando seu relacionamento amoroso também é questionado à luz da nova vida em Cristo. A decisão de viver em santidade o leva a um impasse com o parceiro, que não compreende a profundidade de sua transformação. Novamente, mais um sacrifício se impõe: renunciar ao relacionamento que, antes, parecia estável, mas que já não corresponde

O GATILHO

à sua caminhada de fé. A ruptura, ainda que dolorosa, é necessária, pois você não pode mais aceitar compromissos que não estejam alinhados com seus princípios morais e espirituais.

Esse impulso se estende ainda mais quando os amigos tentam incluí-lo novamente em antigas práticas, como festas e bebidas, que já não fazem mais sentido em sua vida. A recusa a esses convites é o reflexo do acúmulo de sacrifícios feitos até então — começando com seus pais, passando pelo término do relacionamento e, agora, refletindo na redefinição de suas amizades. Cada renúncia, em vez de diminuir sua trajetória, acrescenta uma nova velocidade, fortalecendo ainda mais sua fé e seu compromisso com Cristo. De maneira consciente ou inconsciente, é perceptível um embalo espiritual que cresce à medida que os sacrifícios e renúncias são feitos.

Ao refletir sobre minha trajetória, noto que a habilidade de afirmar um "sim" às oportunidades que Deus apresenta e de dar passos de fé não decorre meramente de uma espiritualidade exacerbada; trata-se, na verdade, do resultado do acúmulo de velocidade ao longo do tempo. Quando se estabelece esse ritmo, questionar-se sobre um possível desvio torna-se uma questão de inteligência, não apenas de espiritualidade. Considero as inúmeras batalhas que enfrentei que poderiam ter me levado a descartar tudo o que construí.

CAPÍTULO 8

O preço do desvio

Diante dessas reflexões, é essencial abordar o custo oculto do desvio. Quando alguém se afasta de Cristo, a visão mais comum é de que essa pessoa rompeu sua comunhão com Ele. Embora essa interpretação seja válida, é importante entender que o desvio vai além da perda de conexão com Deus. Se considerarmos a ideia discutida anteriormente, de que os sacrifícios geram impulso, ao se afastar, o indivíduo não apenas interrompe seu relacionamento com o Senhor, mas também dissipa todo o embalo espiritual construído ao longo das renúncias feitas em sua jornada de fé. Isso significa que a salvação foi perdida? Não é essa a questão. O ponto central está na perda daquele impulso, do acúmulo de velocidade, que foi conquistado por meio de sacrifícios movidos por uma paixão genuína por Cristo.

Como um jovem encantado pela Graça divina, você deu início à sua jornada de fé tomando sua cruz; afinal, aqueles que amam estão dispostos a abdicar. Esse primeiro ato de renúncia despertou fé, e, a cada novo sacrifício, sua fé foi sendo solidificada. Agora, após uma década desde que conheceu a Cristo, aos 30 anos, você acumulou uma série de sacrifícios, renunciou a prazeres temporários e firmou um compromisso de viver segundo os princípios do Reino. No entanto, se em algum ponto dessa trajetória você optar por desviar-se, não pense que as consequências se limitam à perda da comunhão com

O GATILHO

Deus. Na verdade, você está abdicando de todo o embalo espiritual que construiu com esforço e dedicação.

Agora, imagine que, arrependido, você decide retornar ao Senhor. Certamente, ao se arrepender de forma sincera, o perdão e a redenção sempre estarão disponíveis. A restauração daquele embalo, no entanto, nem sempre é garantida. Esse é o verdadeiro custo do desvio. Não se trata apenas da salvação ou da interrupção da comunhão, mas da perda do impulso vital que foi cultivado ao longo dos anos de entrega. Não é raro que aqueles que retornam sintam a ausência da força motivadora, aquela energia espiritual que, outrora, os impulsionava de forma vibrante e constante.

Conheço inúmeras pessoas que retornaram a Jesus, mas sem recuperar o embalo espiritual que tinham antes. O resultado é que muitas acabam vivendo uma fé cristã morna, marcada pelo tédio e pela segurança de um "cristianismo de condomínio fechado". É uma caminhada espiritual que não exige fé, não envolve riscos e está distante do sobrenatural. Sentam-se no fundo da igreja, levam seus filhos ao ministério infantil, ouvem a Palavra, mas, há dez anos, estavam à frente do altar, vibrando. O que mudou? A falta de impulso. A paixão se dissipou. Quando você percebe que perdeu o timing, o *kairós* de Deus, também reconhece que desperdiçou o embalo espiritual que fora construído.

CAPÍTULO 8

ENTRANDO PELA JANELA

William Wilberforce nasceu em 24 de agosto de 1759, em uma cidade portuária no norte da Inglaterra, e desde cedo destacou-se por sua notável inteligência e talento inato para a oratória. Após se formar na Universidade de Cambridge, foi eleito para o Parlamento Britânico aos 21 anos, abrindo uma janela de oportunidade que, embora inicialmente inexplorada, prometia uma carreira política robusta.[5] Sua trajetória, no entanto, tomou um rumo transformador em 1785, quando sua verdadeira conversão ocorreu. Criado em um lar anglicano, esse marco espiritual não foi fruto de um mero impulso, mas de um profundo processo de reflexão e diálogos enriquecedores com figuras influentes, como John Wesley. Nesse ponto, Wilberforce começou a enxergar sua vocação política não apenas como uma carreira, mas como uma oportunidade única para promover a justiça em um mundo repleto de injustiças.

Com essa nova visão de vida, surgiu para ele um dilema moral profundo, que testaria a essência de sua fé e sua vocação: continuar como um político convencional, mantendo-se neutro diante de questões polêmicas para preservar sua carreira ou usar sua influência para confrontar a escravidão, uma prática profundamente enraizada e amplamente aceita na sociedade de sua época. A escolha não era simples, e ele sabia que tomar uma posição firme contra aquele sistema implicaria perdas políticas, talvez até sociais, além de colocar em risco seu futuro.

O GATILHO

No entanto, foi nesse momento de impasse que o Espírito Santo impôs sobre ele um encargo impossível de ignorar. Não era apenas uma questão de convicção pessoal ou de moralidade. Ele foi despertado por um senso de responsabilidade espiritual que transcendia as barreiras políticas ou sociais. Não se tratava mais de uma simples escolha entre o que era seguro e o que era justo. O Espírito Santo trabalhava em seu interior de forma intensa e havia uma chamada divina, um peso sobre sua alma que o forçava a se posicionar como voz para os que não podiam falar.

A pressão de manter uma vida política confortável cedeu diante desse encargo divino. Ele compreendeu que sua fé não poderia ser apenas uma crença privada, confinada a momentos de adoração ou devoção pessoal. A fé exigia ação. E, naquele momento, ficou claro para Wilberforce que a escravidão não era apenas um problema social; era uma afronta à dignidade humana e, sobretudo, ao coração de Deus.

O Espírito Santo não apenas o guiou, mas deu-lhe a força e a ousadia necessárias para enfrentar aquela batalha. Com isso, a fé passou a ser o motor de sua vida pública. Ele não podia mais se calar diante da injustiça; cada vez mais, sua plataforma política se tornava um campo de ação para promover a liberdade e a dignidade humana. Sabia que seu chamado maior, impulsionado pelo Espírito, era desafiar a ordem estabelecida e lutar para pôr fim à escravidão, custasse o que custasse.

CAPÍTULO 8

A conversão de Wilberforce forneceu-lhe a coragem necessária para optar pela segunda alternativa, reconhecendo que aquele era seu *kairós*, uma janela de oportunidade providencial e divina que não deveria ser ignorada. Em 1787, Wilberforce se uniu a um círculo de amigos e ativistas abolicionistas, como Thomas Clarkson e Granville Sharp. Juntos, formaram uma coalizão dedicada à abolição da escravidão, e o jovem rapidamente se tornou o representante emblemático desse movimento no Parlamento. Ele apresentou propostas e mobilizou apoio, aproveitando cada espaço de diálogo e debate para a sua causa.

O caminho para a mudança, contudo, não foi fácil. Wilberforce enfrentou intensa resistência e feroz oposição, e sua primeira proposta para a abolição da escravidão, apresentada em 1789, foi prontamente rejeitada. No entanto, essa rejeição não o desanimou. Ele perseverou, reformulando suas propostas ao longo dos anos e mantendo o foco, mesmo diante de debates acalorados que desafiavam sua determinação e fé. Durante toda essa jornada, Wilberforce e seus aliados se dedicaram à oração fervorosa e ao trabalho incansável para educar o público sobre a crueldade da escravidão. Para ele, essa luta não era apenas política; era uma extensão de seu chamado cristão. Wilberforce compreendeu que a janela de oportunidade não era apenas para agir, mas também para transformar corações e mentes, unindo fé e ação.

O GATILHO

Após décadas de luta persistente, em 1833, a Abolição da Escravidão foi finalmente aprovada pelo Parlamento Britânico; três dias depois, Wilberforce morreu, em 29 de julho.[6] Em apenas um dia, 800 mil foram libertos. Isso refletiu no império francês, cruzando o atlântico até os Estados Unidos e chegando ao Brasil, na figura da princesa Isabel, filha de D. Pedro II, que tinha algo de altruísta dentro dela e assinou a Lei Áurea em 13 de maio de 1888. A vida e os esforços de Wilberforce alteraram para sempre o curso da História e deixaram um legado inapagável.

A trajetória de William Wilberforce exemplifica o conceito de janelas de oportunidade em diversos níveis. Sua transformação espiritual não apenas redefiniu sua vida pessoal, mas também o direcionou a uma missão maior, permitindo-lhe reconhecer a oportunidade única de impactar a sociedade por meio de sua posição política. Mesmo diante de desafios avassaladores, Wilberforce nunca retrocedeu. Cada janela de *kairós* que se apresentou foi aproveitada com comprometimento inabalável, refletindo sua compreensão de que a luta pela justiça exige paciência e perseverança. O movimento abolicionista que ele liderou libertou os escravizados e lançou as bases para movimentos de direitos humanos em todo o mundo.

Ao reconhecermos e usufruirmos as janelas de oportunidade que Deus nos apresenta, podemos deixar uma marca duradoura e positiva no mundo, demonstrando que, quando agimos de acordo com nosso chamado,

CAPÍTULO 8

somos capazes de criar um impacto que transcende gerações. Portanto, antes de avançar na leitura deste livro, convido você a refletir se está verdadeiramente preparado para reconhecer e acolher os momentos que podem alterar irrevogavelmente o curso de sua vida. Ao olharmos para o futuro, que possamos nos inspirar nessas histórias de pessoas audaciosas na busca por Jesus, determinadas a romper as barreiras da resistência e prontas para aproveitar cada janela de *kairós* que Deus lhes oferece, conscientes da brevidade do tempo e da efemeridade das oportunidades.

DENTRO DE UM
TREM-BALA

CAPÍTULO 9

Em 1964, enquanto o Brasil se despedida da Quarta República e ingressava nos anos do Regime Militar, o mundo observava, entre o fascínio e a incredulidade, o surgimento de uma revolução sobre trilhos. O Japão, um país que, apenas duas décadas antes, havia sido reduzido a escombros pela guerra, ousava vislumbrar um futuro pautado pela inovação tecnológica, que soava utópica para muitos. O Shinkansen, o então visionário trem-bala, prometia atravessar as ilhas japonesas a velocidades extraordinárias, rompendo os limites da engenharia moderna e desafiando as próprias concepções sobre o tempo e o espaço.

Se eu lhe dissesse que essa ideia nasceu da mente de um engenheiro frustrado, que o projeto quase foi cancelado e que o governo japonês hesitou até o último minuto em financiá-lo, você provavelmente teria dúvidas sobre o sucesso de uma iniciativa tão ambiciosa. No entanto, em primeiro de outubro de 1964, o trem decolou — não no sentido literal, claro, mas foi assim que pareceu para aqueles que viram o primeiro Tōkaidō Shinkansen atingir 210 km/h.[1]

Nos anos 1950, quando o engenheiro Hideo Shima apresentou sua proposta ao Ministério dos Transportes do Japão, foi recebido com ceticismo. Tempos depois, a resposta veio de onde ninguém esperava: o governo japonês, que via no Shinkansen mais do que um simples trem. Para eles, ele era um símbolo de renascimento, força e orgulho nacional. Uma afirmação de que o Japão estava pronto para voltar ao cenário global não apenas

O GATILHO

como um competidor econômico, mas como um líder tecnológico.[2]

O primeiro trajeto do Shinkansen ligava Tóquio a Osaka, uma linha que, até então, levava mais de seis horas para ser percorrida. Shima prometeu que o trajeto seria feito em quatro horas. Ele estava errado. O tempo real foi de três horas e dez minutos. Os efeitos desse novo sistema de transporte foram mais profundos do que qualquer um poderia imaginar. Pessoas começaram a fazer viagens que antes pareciam impossíveis de serem completadas em um único dia. Tóquio e Osaka — duas cidades que sempre pareceram viver em realidades diferentes — se aproximaram de maneira inimaginável. E com isso, novas oportunidades de negócios, trocas culturais e até de estilos de vida começaram a florescer.

Quem já teve a experiência de viajar nele conhece bem a sensação avassaladora de velocidade. Desde o momento em que se adentra os vagões impecavelmente limpos e organizados, há uma sensação de precisão quase cirúrgica, como se cada detalhe tivesse sido calculado para proporcionar o máximo de conforto. O trem parte da estação com uma leveza impressionante, e em poucos minutos, você se encontra flutuando a uma velocidade que parece irreal. O ruído do motor é tão sutil que mal se nota, como um sussurro tecnológico.

Dentro do trem, o ambiente é calmo, sereno. Embora o mundo lá fora passe em borrões de verde e cinza, indistinguíveis e sem foco, o interior do vagão permanece uma bolha de tranquilidade, fazendo-nos admirar

CAPÍTULO 9

calmamente as estruturas monumentais como o Monte Fuji, que permanecem imóveis, imponentes, oferecendo uma referência clara e constante. Há uma sensação quase paradoxal de estar em um movimento ininterrupto e, ao mesmo tempo, em um estado de repouso.

Ao relembrar com admiração a experiência de estar a bordo do Shinkansen em 2016, o Espírito Santo me trouxe uma lição profunda e transformadora sobre minha caminhada com o Senhor. Naquele instante de fusão sensorial, Ele me fez perceber que nossa jornada com Deus é muito semelhante à viagem em um trem-bala. No ritmo acelerado da vida, os detalhes do cotidiano frequentemente se apresentam como fragmentos confusos, desordenados e fora de nosso controle. No entanto, o propósito maior — o destino que Ele já delineou para nós — deve permanecer sempre claro, firme e inabalável, mesmo quando as circunstâncias tentam nos desorientar.

Para tentar ilustrar melhor o que estou dizendo, pense em duas dimensões: o micro e o macro. O micro é aquilo que está diretamente à nossa frente, os detalhes imediatos da vida, que muitas vezes passam como um borrão. São pequenas distrações, obstáculos ou incertezas que, embora tirem nossa atenção, não conseguimos identificar com clareza. No ritmo acelerado da vida, esses elementos do dia a dia aparecem como fragmentos confusos e fora de controle, como se tudo estivesse desfocado e fora do lugar. É nesse espaço micro que, muitas vezes, nossa fé é testada. Perdemos o foco, ansiosos com o que não conseguimos ver nitidamente.

O GATILHO

Mas, por trás desse borrão, está o macro. O macro é o propósito maior, o plano divino que Deus traçou para nós. E mesmo que o micro esteja turvo, o macro permanece intacto, visível ao fundo, inabalável, como o Monte Fuji. No macro, vemos o destino eterno, o propósito que Deus tem para nossa vida. Mesmo quando as circunstâncias à nossa volta se embaralham, o que realmente importa permanece firme: o chamado, a missão e o destino que Deus já desenhou para nós. No macro, está a clareza de que, independentemente do que vemos de perto, a visão maior — aquilo que Deus prometeu — continua imutável.

E enquanto vivemos entre o micro e o macro, temos a certeza de que o Príncipe da Paz está na cabine, conduzindo nossa jornada. Jesus, o autor e consumador de nossa fé, está no controle, trazendo a paz que excede todo entendimento. Ele nos guia pelas turbulências e incertezas do micro, ao mesmo tempo que nos mantém firmes e alinhados com o propósito do macro.

A ACELERAÇÃO DO ALTO

Quando refletimos sobre o ato de seguir as promessas de Deus, tendemos a imaginar um caminho desimpedido, quase como uma linha reta que nos conduz inevitavelmente ao destino final. Entretanto, o que frequentemente negligenciamos é que tais promessas, em sua essência, envolvem desafios. Avaliar os custos pode parecer uma tarefa simples, mas estar genuinamente

CAPÍTULO 9

disposto a pagá-los é uma questão muito mais profunda. A desconfortável verdade é que elas não caem do céu sem esforço; pelo contrário, demandam lutas intensas. No entanto, quando o tempo de Deus finalmente chega, Ele nos impulsiona com uma velocidade que nos surpreende, lançando-nos para frente de uma forma extraordinária.

A aceleração divina também carrega um paradoxo fascinante. À medida que nos movemos com maior rapidez externamente, torna-se ainda mais essencial cultivar uma profunda serenidade interior. Assim como dentro do Shinkansen, mesmo a 300 km/h, o ambiente permanece surpreendentemente calmo, imune ao ruído do mundo exterior, devemos preservar nossa comunhão com Deus, mantendo-a intacta no meio do caos. Somente dessa maneira encontraremos a paz necessária para enfrentar a intensidade da vida. Filipenses 4.6-7 nos oferece esta chave preciosa: em meio à ansiedade e à urgência, devemos apresentar nossas súplicas a Deus. E qual é a promessa? A paz que excede todo entendimento — uma paz que guarda e protege nosso coração e nossa mente.

Entretanto, essa paz tem um custo, um preço que poucos estão dispostos a pagar. Todos almejam a paz, mas poucos compreendem que ela nasce justamente nas circunstâncias que escapam ao nosso controle. Apenas quando chegamos ao ponto de reconhecer nossa incapacidade de abarcar tudo com o nosso entendimento, tornamo-nos aptos a recebê-la. É nesse estado de completa rendição que a fé nos conduz a territórios deconhecidos, nos quais a obediência radical passa a ser nossa única opção. E é precisamente nesse espaço de incerteza que a provisão divina se revela — tal como o silêncio no Shinkansen, há uma serenidade que só pode ser experimentada no meio da velocidade.

Estamos dispostos a abraçar a velocidade do Espírito Santo e pagar o preço necessário para viver plenamente as promessas de Deus? A intervenção divina é inegavelmente poderosa, no entanto, exige que reavaliemos nossas prioridades. Quando o Senhor libera sobre nós a Sua velocidade, é extremamente importante que realmente saibamos o que tem valor.

> TODOS ALMEJAM A PAZ, MAS POUCOS COMPREENDEM QUE ELA NASCE JUSTAMENTE NAS CIRCUNSTÂNCIAS QUE ESCAPAM AO NOSSO CONTROLE.

Como Jesus nos advertiu: de que adianta ao homem ganhar o mundo inteiro e perder a sua alma?[3] Tudo o mais — trabalho, casamento, filhos, sucesso financeiro, ministério — são dádivas valiosas, porém secundárias. Quando colocamos o **essencial** em primeiro lugar, ganhamos a clareza necessária para administrar o que é **importante**, aliviando a pressão daquilo que apenas parece **urgente**. Dessa forma, passamos a viver plenamente em todas as estações que o Senhor nos concede.

CAPÍTULO 9

ESSENCIAL, IMPORTANTE E URGENTE

É muito comum que, ao término de uma ministração, pessoas se aproximem de mim, como pastor, trazendo questões urgentes que clamam por uma resposta imediata. Certa vez, um homem veio até mim, visivelmente desesperado. Seu filho, envolvido com drogas, estava desaparecido há dois dias, fugindo de traficantes. Sem dúvida, era uma situação crítica e urgente. Imediatamente, mobilizamos orações, entramos em contato com amigos da polícia e saímos em busca do rapaz. Graças a Deus, o jovem foi encontrado e a urgência foi superada. Contudo, percebi que a situação exigia mais do que apenas uma solução temporária. Senti a necessidade de conversar com aquele pai sobre questões profundas: o relacionamento entre ele e seu filho, a saúde familiar e, acima de tudo, o vínculo deles com Deus. A urgência pode nos lançar em movimento, mas o verdadeiro trabalho se dá no cuidado com o que é importante e essencial, o que requer atenção contínua e comprometimento de longo prazo.

Em outra ocasião, um homem, aflito, me procurou porque sua esposa estava prestes a deixá-lo. Mais uma vez, a situação era, sem dúvidas, urgente. Trabalhamos para reverter a crise no curto prazo, mas, uma vez que a tensão imediata foi aliviada, ficou claro que a verdadeira questão estava no que era importante: como ele vinha tratando sua esposa ao longo dos anos. A crise conjugal havia explodido, não por causa de um único evento, mas pelo acúmulo

A **URGÊNCIA** PODE NOS LANÇAR EM MOVIMENTO, MAS O **VERDADEIRO TRABALHO** SE DÁ NO CUIDADO COM O QUE É IMPORTANTE E ESSENCIAL, O QUE REQUER ATENÇÃO CONTÍNUA E **COMPROMETIMENTO** DE LONGO PRAZO.

CAPÍTULO 9

de negligências cotidianas. Cuidar do importante — o respeito, o carinho, a comunicação no casamento — é vital. Quando o importante é deixado de lado, o urgente se torna recorrente.

Algo muito parecido aconteceu quando uma pessoa se aproximou de mim, pedindo oração antes de uma cirurgia cardíaca. Uma de suas artérias estava bloqueada, e a cirurgia era indiscutivelmente urgente. Oramos juntos e, graças a Deus, a cirurgia foi um sucesso. Entretanto, durante o processo de recuperação, nossa conversa foi além da urgência do procedimento. Conversamos sobre o que era essencial para sua vida: o cuidado com a saúde em longo prazo, os hábitos alimentares, o exercício físico e o descanso. Resolver a urgência de uma cirurgia não elimina a necessidade de cuidar do que é importante — a saúde cotidiana, o cuidado contínuo com o corpo que Deus nos deu.

Essas experiências mostram que a urgência sempre chama nossa atenção primeiro, mas, se queremos viver de forma plena, precisamos voltar nossos olhos ao que é importante e essencial, pois, quando essas áreas são bem cuidadas, as crises urgentes se tornam menos frequentes.

O que, então, podemos considerar verdadeiramente essencial? Essa é a questão central. O que é absolutamente essencial na vida de qualquer ser humano é a reconciliação com Deus. Esse é o ponto inegociável. Somente a partir dessa reconciliação somos capazes de colocar em ordem todas as outras áreas da vida. Deseja estudar? O estudo é algo valioso. Pretende casar-se?

O GATILHO

O matrimônio é uma bênção. Almeja ter filhos? Uma dádiva inestimável. Quer prosperar financeiramente? O dinheiro é útil e necessário. Gosta de viajar? Viajar é enriquecedor. Contudo, é apenas quando gerimos adequadamente o que é essencial que conseguimos administrar com sabedoria tudo o que é importante.

Ao fazer o que é essencial da forma correta, você consegue usar adequadamente o que é importante. O essencial é a reconciliação com Deus como um fim. Quando isso não é bem fundamentado, o ser humano pega tudo aquilo que é importante — e que, de acordo com o Senhor, deveria ser um meio para o essencial — e o torna um fim. O resultado? O casamento é transformado no objetivo final; os filhos são transformados no objetivo final; dinheiro é transformado no objetivo final. Ou seja, tudo o que Deus sempre quis que você tivesse como meio é transformado em fim.

> **O QUE É ABSOLUTAMENTE ESSENCIAL NA VIDA DE QUALQUER SER HUMANO É A RECONCILIAÇÃO COM DEUS.**

Essa noção de prioridade é, na verdade, um reflexo do próprio Reino. Quando somos fiéis mordomos do que é essencial — nossa comunhão com o Senhor —, tornamo-nos aptos a administrar o restante da vida com sabedoria. Isso porque Deus, em Sua soberania, inevitavelmente intervém em nossas vidas, testando-nos com uma pergunta fundamental: nossos planos se dobram à presença d'Ele ou

CAPÍTULO 9

tentamos fazer a presença de Deus se submeter às nossas conveniências?

Para entender melhor essa dinâmica, de forma simples, pense naqueles momentos em que experimentamos a súbita invasão da presença divina — quando Deus nos convida a mergulhar em uma experiência mais profunda e verdadeira, em uma intervenção manifesta do Espírito. Nossa mente frequentemente resiste. Em vez de nos entregarmos a essa intervenção e permitirmos que ela se expanda, somos bombardeados por pensamentos imediatos: os compromissos que nos aguardam, o trânsito que teremos de enfrentar se demorarmos mais do que o previsto, ou até a ideia de que "já estamos orando há meia hora e Deus poderia ter vindo antes".

Nesses momentos, o Senhor nos coloca diante de escolhas cruciais, em que o urgente, o importante e o essencial competem por nossa atenção. O urgente se manifesta nas preocupações com o tempo e com os compromissos do dia. São as demandas que parecem inadiáveis, mas que, se olharmos com profundidade, muitas vezes são transitórias e, ao final do dia, não terão um impacto duradouro. Já o importante é o fato de estarmos em oração, um compromisso que reconhecemos como parte vital de nossa vida espiritual. Estamos ali para buscar a Deus, sim, mas, ao mesmo tempo, nos colocamos sob o peso das expectativas diárias e limitamos o tempo que dedicamos a Ele.

Porém, o essencial — aquilo que realmente importa em termos eternos — é a manifestação da presença divina. É o convite do próprio Deus para irmos além da rotina, além

O GATILHO

daquilo que já foi planejado. Quando Ele Se manifesta, desafia-nos a reordenar nossas prioridades e alinhar nosso tempo ao Seu mover, não o contrário. Esse é o momento em que nos é dada a oportunidade de nos rendermos totalmente ao que é essencial, permitindo que Ele preencha o espaço e o tempo com o que realmente importa.

Muitas vezes, o que percebemos como urgências cotidianas nos distrai do essencial. A chave está em saber discernir esses momentos e compreender que, quando Deus invade nosso tempo com Sua presença, estamos diante de uma escolha: podemos continuar presos às pressões do urgente ou podemos nos render ao que é eterno, essencial e transformador. Esse alinhamento das nossas prioridades com o que Deus está fazendo é, talvez, a maior prova de fé que enfrentamos no cotidiano.

Davi compreendeu essa dinâmica profundamente, como podemos ver no salmo 63.1. Mesmo com a promessa do trono, o que ele expressa não é o desejo pelo poder ou pela coroa, mas sim pela presença de Deus. Davi sabia que, sem a água que dá vida, sem a presença divina, nenhum poder ou unção teria valor. Da mesma forma, precisamos entender que o essencial — nossa intimidade com Ele — é o que sustenta tudo o mais. E quando isso está em ordem, o importante flui naturalmente, e o urgente perde sua força de dominação sobre nossas vidas, permitindo-nos cumprir com excelência tudo o que Ele nos chama a fazer.

Foi exatamente o que aconteceu com Pandita Ramabai, uma reformadora, educadora e evangelista indiana,

CAPÍTULO 9

que impactou profundamente a vida de milhares de pessoas em seu país ao discernir o que era essencial. Durante sua estadia na Inglaterra, por volta de 1883, Ramabai se converteu ao cristianismo. Ela havia sido acolhida na Casa da Misericórdia, uma instituição anglicana que amparava viúvas e órfãos, e foi nesse ambiente que começou a estudar a Bíblia com profundidade. Ao confrontar os ensinamentos cristãos com suas próprias opiniões e valores, Ramabai se sentiu profundamente tocada por Jesus, especialmente por Sua compaixão pelos marginalizados e Sua mensagem de igualdade e justiça. Ao compreender o amor e a misericórdia de Deus revelado em Cristo, Ramabai decidiu se tornar cristã, sendo batizada na Igreja Anglicana.[4]

No entanto, uma transformação completa em sua vida só aconteceu após ela ler o livro From death into life ("Da morte à vida", em português), no qual o vigário inglês William Haslam descreveu sua conversão dramática de uma fé cristã morta e formal para uma fé viva e verdadeira. Esse relato despertou em Ramabai uma consciência mais profunda. Ela escreveu: "Uma coisa eu sabia a essa altura: que precisava de Cristo, e não apenas de sua religião. Eu finalmente cheguei ao fim de mim mesma e me entreguei incondicionalmente ao Salvador".[5],

QUANDO SE VIVE PELO ESSENCIAL

Tudo começou em 1858, no coração pulsante da Índia, numa remota vila do estado de Maharashtra,

O GATILHO

quando Pandita nasceu uma sob circunstâncias que desafiariam sua época e deixariam uma marca profunda em sua geração. Seu nome era Ramabai Dongre, mas o mundo a conheceria como Pandita Ramabai, uma figura que transcenderia barreiras culturais e religiosas. Naquela época, na Índia, especialmente nas castas superiores como a dela, a educação formal era um privilégio negado às meninas. A crença predominante sustentava que o conhecimento representava um risco para as mulheres. No entanto, o destino de Ramabai foi moldado pela convicção inabalável de seu pai, um erudito audacioso que se rebelou contra as normas sociais e acreditava no poder libertador da instrução. Ele a ensinou a ler e escrever em sânscrito, a língua sagrada dos textos hindus, tornando-a uma verdadeira anomalia em sua sociedade. E, como acontece com toda anomalia, essa singularidade não tardou a gerar tensões e resistências.

O segundo ponto de ruptura em sua vida veio quando, já órfã e desamparada, Ramabai tomou uma decisão que abalaria ainda mais os alicerces sociais: casou-se fora de sua casta. Em um sistema que era visto como inviolável, ela ousou unir-se a um homem de uma casta inferior — um ato que poucos se atreveriam a considerar. Esse gesto de profunda rebeldia a marcou como uma *outsider*, mas também lhe proporcionou uma nova perspectiva sobre as múltiplas faces da opressão, que iam além das barreiras religiosas e sociais. Contudo, seu casamento foi breve; apenas dois anos depois, Ramabai tornou-se viúva.

CAPÍTULO 9

Para a maioria das mulheres na Índia daquela época, a viuvez significava o fim de qualquer esperança de uma vida plena. Viúvas eram relegadas à marginalização, muitas vezes condenadas a viver à sombra da sociedade. Mas foi nesse ponto que Ramabai tomou uma decisão ainda mais ousada: ela se voltou para o Evangelho, rompendo definitivamente com sua herança brâmane. Essa escolha, radical em todos os aspectos, gerou não apenas uma crise pessoal, mas também um escândalo social. Entretanto, sua nova fé ofereceu a ela algo mais profundo do que estabilidade espiritual — deu-lhe uma missão.

E foi essa missão que redefiniu sua trajetória. Ramabai fundou a Sharada Sadan, uma escola dedicada a viúvas e meninas marginalizadas.[6] Ela não estava apenas oferecendo educação; estava proporcionando um caminho de libertação por meio do Evangelho, desafiando as correntes culturais que mantinham as mulheres presas ao ciclo de submissão e opressão. Além disso, ela iniciou o árduo trabalho de traduzir a Bíblia para o marata, sua língua nativa, ampliando ainda mais o impacto de sua fé.[7] Sua fundação, a Missão de Mukti, cresceu exponencialmente, abrigando e educando milhares de mulheres ao longo dos anos, com um impacto que transcenderia as fronteiras da Índia do século XIX.[8]

A história de Ramabai é uma narrativa de coragem inabalável e de resiliência transformadora. Mais do que isso, sua vida nos ensina que não basta responder às urgências imediatas da vida. Ramabai enfrentou crises incontornáveis, mas essas crises a impulsionaram

O GATILHO

a buscar o que é realmente essencial. Ela compreendeu que as urgências só podem ser enfrentadas de maneira duradoura quando acompanhadas de uma visão mais profunda, revelada por meio de sua comunhão com Deus. Foi essa revelação que guiou sua impressionante atuação social e política, iluminando seu caminho enquanto ela lutava não apenas pela educação, mas pela justiça social, em uma sociedade que insistia em oprimir as mulheres.

Por meio de sua fé em Cristo, Ramabai se tornou uma voz incansável em defesa das viúvas e das mulheres oprimidas, criando espaços de acolhimento e esperança por meio da Missão de Mukti e de outras instituições que fundou. O impacto de seu trabalho ressoa até hoje, e essas instituições continuam a transformar vidas e a perpetuar o legado de educação e justiça que ela tanto valorizava. A história de Pandita Ramabai, hoje contada em escolas e universidades, permanece um farol de inspiração e um tributo à sua incansável luta por uma sociedade mais justa, para a glória de Deus.

CAPÍTULO 9

CONCLUSÃO

    Imagine a linha de partida de uma corrida. Ali, de forma quase ritualística, podemos distinguir dois tipos de corredores: aqueles que, como se movidos por um impulso incontrolável, disparam com a força de foguetes, rasgando o ar com velocidade, mas logo são vencidos pelo desgaste; e aqueles que avançam de forma serena e constante, medindo cada passo com precisão, rumo à linha de chegada. Agora, pense em nossa vida com Cristo sob essa mesma lente metafórica, como uma corrida.

    Iniciar qualquer projeto com entusiasmo é uma tarefa relativamente simples; a verdadeira dificuldade está em manter essa chama acesa ao longo do tempo, seja na execução de um empreendimento ou na busca por

O GATILHO

uma visão espiritual. Quantas vezes ministérios florescem com grande fervor e se dissipam eventualmente? A razão para isso, frequentemente, está na escolha de sacrificar o desenvolvimento sólido e sustentável em nome de um progresso e crescimento em curto prazo. O que muitos perdem de vista é que para que nossa jornada como discípulos seja profunda e duradoura, é necessário que adotemos o ritmo de uma maratona, e não nos deixemos seduzir pela intensidade efêmera de uma corrida curta, muito menos sejamos levados pelo espírito de comparação com alguém que, ao nosso lado, parece estar correndo em uma velocidade maior — para só depois perceber que a corrida do vizinho é de 100 metros rasos, e a nossa, de 42km. O verdadeiro segredo não está simplesmente em começar com vigor, mas em manter o compasso até o final, com perseverança e fé inabalável.

As Escrituras Sagradas nos oferecem inúmeras lições sobre a constância e a perseverança. Na parábola do semeador, Jesus enfatiza a importância de plantar em solo fértil e zelar pelo crescimento das sementes até que produzam frutos.[1] Esse processo exige paciência, trabalho árduo e uma perspectiva de longo prazo; nada floresce da noite para o dia. Se estivermos demasiadamente focados no terreno imediato, poderemos perder de vista a árvore frutífera que se desenvolverá no futuro. Como líderes, somos chamados a cultivar a resiliência necessária para enfrentar os altos e baixos da jornada com determinação e graça, mantendo nossos olhos fixos não apenas no

O VERDADEIRO **SEGREDO** NÃO ESTÁ SIMPLESMENTE EM COMEÇAR COM VIGOR, MAS EM MANTER O COMPASSO ATÉ O FINAL, COM **PERSEVERANÇA** E **FÉ INABALÁVEL**.

O GATILHO

ponto de partida, mas em todo o percurso, construindo fundamentos sólidos em cada etapa da caminhada.

ALÉM DE NÓS

Como mencionado no início deste livro, a nossa trajetória é composta por pequenas ações que reverberam e impactam as gerações que nos seguem, seja para o bem ou para o mal. Portanto, assim como uma vela ilumina seu caminho em meio à escuridão, nosso crescimento — espiritual, pessoal ou ministerial — deve ser compartilhado; nossos avanços não podem findar em nós; para a glória de Deus, os avanços devem passar por nós.

Construir um legado significa investir em valores e princípios atemporais. Como líderes, nossa missão é capacitar aqueles que nos seguem a perpetuar o que construímos, mesmo que nossa existência venha a se tornar apenas uma nota de rodapé na História ou uma memória distante. Seguir os passos de Cristo, que não apenas transformou vidas em Seu ministério terreno, mas também estabeleceu as bases para a disseminação eterna do Evangelho, é compreender que o impacto que deixamos deve transcender nossa própria vida. Embora eu já tenha dito isto em outro capítulo, repito que um legado bem-sucedido não está

> **CONSTRUIR UM LEGADO SIGNIFICA INVESTIR EM VALORES E PRINCÍPIOS ATEMPORAIS.**

CAPÍTULO 9

em cruzar a linha de chegada sozinho, mas em passar o bastão para aqueles que virão depois de nós, garantindo que eles possam continuar a obra com excelência, de fato, fazendo do nosso teto o piso da próxima geração. "Terminar bem" também significa mentorear, ensinar e encorajar aqueles que estão nos primeiros estágios de sua caminhada, a fim de que possam emergir como líderes capacitados para a expansão do Reino de maneira saudável e duradoura. Isso envolve o princípio bíblico de legado. Legado não é algo que se deixa para trás ou uma meta que se conquista. Legado, na sua essência, é a vida que você vive. Essa vida inspira, gera fé e impulsiona os que vêm de trás? O filho inseguro, ainda preso no passado de orfandade pode, consciente ou inconscientemente, enxergar a próxima geração como concorrência, porém, em vez de competir com os que estão sob nossa liderança, nosso papel é investir no crescimento deles, assim como Cristo fez com Seus discípulos, ensinando-os a continuar a propagação das Boas Novas após Sua partida.

Além disso, assumir uma posição de liderança, seja ela de grande ou pequena visibilidade, significa estar ciente de que nossa vida estará sob constante observação, e até mesmo as menores atitudes podem ter um impacto profundo sobre nossa reputação e testemunho. Portanto, manter uma postura íntegra e agir com sabedoria é essencial; caso contrário, podemos comprometer nosso legado, deixando apenas um vácuo, uma lacuna, nesse mundo.

O GATILHO

O equilibrista

Em 30 de junho de 1859, uma multidão de 5 mil pessoas se reuniu nas margens das Cataratas do Niágara. Elas não estavam ali para admirar a vista, embora fosse uma das mais majestosas da América do Norte. Elas estavam ali para testemunhar um homem que pretendia realizar o impossível: atravessar as cataratas em uma corda bamba, sem rede de segurança, sem arreios, apenas ele e o abismo. Seu nome era Charles Blondin.[2]

Blondin não era um desconhecido. Aos 34 anos, o francês já havia se tornado famoso por suas acrobacias arriscadas em circos e teatros pela Europa e Américas. Mas o que ele estava prestes a tentar naquele dia transcendia o espetáculo circense. Ele planejava atravessar 340 metros de uma corda de cânhamo de apenas 5 centímetros de diâmetro, esticada a mais de 50 metros acima das águas revoltas do Niágara.

E foi exatamente isso que ele fez. Com passos deliberados, Blondin avançou pela corda com uma destreza que parecia desafiar a própria gravidade. A multidão, primeiro tomada pelo terror, logo se entregou ao fascínio. Mas o que tornou Blondin verdadeiramente notável não foi apenas sua habilidade física. Foi sua disposição para empurrar os limites, sempre mais longe. Após sua primeira travessia, Blondin voltou às cataratas e repetiu o feito — mas dessa vez ele decidiu complicar a tarefa. Em algumas tentativas, atravessou a corda vendado. Em outras, empurrou um carrinho de mão. Certa vez, ele

CAPÍTULO 9

cozinhou uma omelete no meio do percurso. A multidão voltava, ansiosa para ver até onde ele iria.

No entanto, foi uma de suas façanhas mais inusitadas que entrou para a história. Em um dia ensolarado de agosto, após mais uma travessia bem-sucedida, Blondin olhou para a multidão e fez uma oferta audaciosa: ele atravessaria o cabo com uma pessoa em suas costas. Todos riram, incrédulos. Quem seria tolo o suficiente para confiar sua vida a Blondin dessa maneira?

Para surpresa de todos, um homem se apresentou: Harry Colcord, o empresário de Blondin. Sem hesitar, Colcord subiu nas costas de Blondin e os dois começaram a atravessar. Cada passo, mais tenso que o anterior, fazia o público prender a respiração. E, no meio do caminho, quando o vento balançou a corda, a tensão se tornou quase insuportável.

Então, no silêncio aterrorizado da multidão, Blondin se inclinou para trás e sussurrou para Colcord: "Agarre-se a mim. Não tente equilibrar-se. Se você fizer isso, ambos cairemos. Confie em mim completamente". Blondin chegou ao outro lado, ileso, com Colcord ainda agarrado a ele.

Blondin compreendia que, para sobreviver àquele fio estendido, Colcord precisaria abdicar de seu anseio por controle e se entregar totalmente ao homem que o levava. Assim como tantas outras histórias de feitos aparentemente impossíveis, essa nos lembra de um elemento invisível que permeia cada grande realização: a fé. Nas circunstâncias mais desafiadoras, o êxito não repousa unicamente em nossas habilidades, mas na profundidade da nossa confiança em Deus.

A jornada de um líder assemelha-se à de Blondin na corda bamba. Nem todos estão destinados a brilhar sob os holofotes, e muitos escolherão dedicar suas vidas ao cuidado de pequenos grupos, longe das atenções da plateia. No entanto, em qualquer posição de liderança, a vacilação ou a ousadia de flertar com o erro não têm lugar; uma única palavra mal colocada ou uma ação precipitada pode arruinar tudo.

A realidade é que um único deslize pode transformar uma reputação, construída com base em integridade, em ruínas — em uma lacuna. Tudo pode desmoronar em questão de instantes. Seja na travessia sobre as águas de uma multidão ou na dinâmica cotidiana com um pequeno grupo, a integridade e uma visão de longo prazo são os pilares que sustentam um legado significativo e um avivamento duradouro.

MISSÃO CUMPRIDA

O avivamento espiritual transcende rótulos e denominações, alicerçando-se no poder transformador do Espírito Santo e na eterna Palavra de Deus. O desejo de um avivamento avassalador que impacte esta geração, superando em intensidade e duração todos os que já ouvi mencionar, é uma constante em minhas orações. Cada uma das histórias apresentadas neste livro, assim como aquelas que, lamentavelmente, não

CAPÍTULO 9

puderam ser incluídas, acendeu uma chama em meu coração e renovou minha fé, motivando-me a persistir na oração e na busca por uma renovação espiritual neste tempo.

Recordo-me de Éneas Tognini, que, em suas reflexões, define o avivamento como um retorno à pureza de vida, à santidade, ao amor entre os irmãos e à paixão pela salvação das almas, conforme se encontra em Atos dos Apóstolos. Seu chamado incessante era para que pastores e igrejas reacendessem o fogo do Espírito, abandonassem o pecado e entregassem suas vidas incondicionalmente no altar do Senhor. Para ele, essa renovação representava a voz dos Céus contra as influências corrosivas do materialismo, do comunismo e do falso ecumenismo — um apelo urgente à fidelidade inabalável à Escritura. [3]

Tognini não só falava de avivamento, mas o vivia. Nascido em 1914, no interior de Minas Gerais, ele se converteu ao Evangelho aos 16 anos, movido por um fervor que o impulsionaria pelo resto de sua vida. Sua ordenação pastoral em 1945 marcou o início de uma missão que não se limitava às fronteiras do Brasil, mas que, por meio da expansão missionária, vislumbrava alcançar o mundo todo. Tognini enxergava no Brasil, um país emergente, o potencial para ser uma força missionária global. Seu engajamento foi essencial na fundação e fortalecimento da Junta de Missões Mundiais da Convenção Batista, o que resultou no envio de missionários brasileiros para mais de 90 países, especialmente para nações lusófonas e regiões de difícil acesso.

O GATILHO

No entanto, sua vida tomou um rumo inesperado na década de 1950, quando, ao pastorear a Igreja Batista de Perdizes, ele teve uma profunda experiência com o Batismo no Espírito Santo. Essa vivência o levou a uma ruptura com as estruturas tradicionais e, eventualmente, à fundação da Igreja Batista do Povo, já aos 66 anos. Para Tognini, a idade nunca foi uma barreira, mas sim um novo começo, uma oportunidade de continuar servindo ao Reino de Deus com renovado fervor. Sua visão jamais foi limitada pelas circunstâncias — ele acreditava que, enquanto houvesse fôlego de vida, havia propósito.[4]

"Não adianta só ser evangélico", dizia Tognini. "O que adianta é ser evangélico, estar na sociedade e mudar a sociedade".[5] Em tempos como os nossos, em que as pressões sociais, o mundanismo e a superficialidade espiritual parecem ganhar terreno, a resposta a esses desafios é clara: avivamento. Avivamento que não apenas transforma igrejas, mas também incendeia a sociedade com um impacto duradouro.

Tognini não buscava evitar as dificuldades, mas sim abraçá-las como oportunidades de crescimento. Sua influência na "pentecostalização" das igrejas tradicionais trouxe uma nova perspectiva sobre o Espírito Santo, sem que ele deixasse de valorizar o estudo profundo das Escrituras. Suas inúmeras obras, desde tratados teológicos até estudos exegéticos, permanecem como parte do legado evangélico brasileiro, comprovando que a fidelidade à Palavra e ao Espírito podem caminhar lado a lado.

CAPÍTULO 9

Quando olhamos para a vida de Tognini, compreendemos que seu maior legado não foi apenas seu impacto missionário ou suas contribuições teológicas, mas sua capacidade de inspirar outros a continuarem a obra que ele começou. Seu exemplo de perseverança e sua visão global continuam a moldar gerações de líderes, pastores e missionários. O Instituto de Ação Social Enéas Tognini, fundado após sua morte, é uma extensão viva desse legado, dedicado à promoção do bem-estar social e à capacitação de famílias, refletindo seu compromisso com a transformação não apenas espiritual, mas também prática da sociedade.[6]

Enéas Tognini terminou sua corrida com dignidade, provando que a verdadeira missão de um servo de Deus não é apenas plantar sementes, mas também preparar o solo para que outros colham os frutos.

Estamos nós, também, dispostos a posicionar nossas vidas sobre o altar, incondicionalmente?

TERMINANDO BEM

Escrever um livro é uma audaciosa jornada que provoca tanto temor quanto excitação. Muitos argumentam que o verdadeiro desafio não é simplesmente cativar o leitor, mas mantê-lo em um estado de tensão emocional, como se estivesse caminhando em uma corda bamba. O texto precisa ser irresistível a ponto de provocar um dilema interno: o desejo de seguir adiante colide com o medo do término da experiência. É uma missão repleta de complexidade, sem dúvida. Diante disso, surge uma pergunta inquietante: realmente quero que você evite o fim deste livro? Creio que, neste ponto, você já intui minha resposta.

Desde a introdução, compartilhei uma esperança que tenho: que cada página exerça um impacto irreversível sobre você. Agora, mais do que nunca, desejo que essa esperança se concretize. E quando falo em "impacto", não me refiro à urgência "superficial" que explorei no capítulo 9; falo de um chamado visceral, uma necessidade que demanda ação imediata.

Por Graça e misericórdia, o Senhor tem me permitido fazer parte do que Ele está realizando nesta Terra. E quanto mais avançamos, mais eu oro para que os trabalhadores se levantem. Portanto, repito que o meu anseio mais profundo é que este livro não seja meramente um convite à reflexão, mas um catalisador para ação. Que cada história aqui presente ressoe em seu interior como uma chama intensa, desafiando-o e confrontando-o com verdades inegáveis. Que essa experiência acenda em você um amor incondicional pelo Senhor e pelo Reino de Deus. Esta é a essência do nosso propósito — uma paixão que o impulsiona a romper as barreiras do convencional e a alcançar um novo patamar de influência.

Acima de tudo, para que esta obra "termine bem", é vital que você compreenda: você é como um gatilho capaz de desencadear uma transformação explosiva nesta geração. Portanto, erga sua voz e ocupe o espaço de influência ao qual o Senhor o convocou!

NOTAS

CAPÍTULO 1

[1] O *shabbath* (ou sábado) é um dia sagrado no judaísmo, observado de sexta-feira ao pôr do sol até sábado ao anoitecer. É um momento dedicado ao descanso e à reflexão, em lembrança do dia em que Deus descansou após a criação do mundo, conforme descrito na Torá. *In*: *SHABBATH* [07676]. DICIONÁRIO bíblico Strong. Barueri: Sociedade Bíblica do Brasil, 2002.

[2] Referência ao livro *O homem do Céu*, de Liu Zhenying (irmão Yun) e Paul Hattaway, publicado no Brasil pela Editora Betânia, em 2005.

[3] *In*: ZHENYING, Liu; HATTAWAY, Paul. **O homem do Céu**. Curitiba: Betânia, 2005.

[4] Referência a Mateus 4.4.

⁵ *In:* PORTAS ABERTAS. Organização Portas Abertas, 2020. Tudo sobre a perseguição aos cristãos na China. Disponível em: *https://portasabertas.org.br/artigos/tudo-sobre-a-perseguicao-aos-cristaos-na-china*. Acesso em outubro de 2024.

⁶ A Revolução Cultural Chinesa (1966-1976), liderada por Mao Zedong, visou revitalizar o comunismo no país. Mao mobilizou jovens Guardas Vermelhos para combater elementos "burgueses" e eliminar tradições, resultando em perseguições políticas, destruição cultural e caos social. *In:* SANTANA, C. S. de. Notas sobre a história da Revolução Cultural Chinesa (1966-1976). **História Social**, *[S. l.]*, n. 17, p. 115–131, 2023. Disponível em: *https://ojs.ifch.unicamp.br/index.php/rhs/article/view/279*. Acesso em outubro de 2024.

⁷ *In:* LUO, Karen. China Christian Daily, 2023. *Pastor Dennis Balcombe: chinese churches, receive the baton of taking the gospel to the nations.* Disponível em: *https://chinachristiandaily.com/news/church-ministries/2023-09-28/pastor-dennis-balcombe-chinese-churches-receive-the-baton-of-taking-the-gospel-to-the-nations--13265*. Acesso em outubro de 2024.

⁸ *In*: *KOINONIA* [2842]. DICIONÁRIO bíblico Strong. Barueri: Sociedade Bíblica do Brasil, 2002.

⁹ Termo que estende o conceito de "país em via de desenvolvimento", referindo-se a nações da América Latina, África e Ásia que, em contraste à Europa e à América do Norte, enfrentam desafios econômicos, sociais e políticos. *In*: REVISTA RELAÇÕES EXTERIORES. Relações exteriores, 2024. Sul global. Disponível em: *https://relacoesexteriores.com.br/glossario/sul-global/*. Acesso em outubro de 2024.

¹⁰ Referência a Gênesis 49, episódio em que Jacó abençoou seus filhos ao impor as mãos sobre eles. Essa passagem é frequentemente associada, no Novo Testamento, à passagem de 1 Timóteo 1.18, em que o apóstolo Paulo exorta Timóteo a não negligenciar o dom que lhe foi conferido pela imposição de mãos.

[11] *In*: Censo 2010: número de católicos cai e aumenta o de evangélicos, espíritas e sem religião. Publicado por *Agência de Notícias IBGE* em 23/06/2023. Disponível em: *https://agenciadenoticias.ibge.gov.br/agencia-sala-de-imprensa/2013-agencia-de-noticias/releases/14244-asi-censo-2010-numero-de-catolicos-cai-e-aumenta-o-de-evangelicos-espiritas-e-sem-religiao*. Acesso em setembro de 2024.

[12] *In*: ZION CHURCH. Zion Church, s.d. Quem somos. Disponível em: *https://zionchurch.org.br/quem-somos*. Acesso em outubro de 2024

[13] *In*: DUNAMIS MOVEMENT. Dunamis Movement, s. d. Dunamis Pockets. Disponível em: https://*dunamismovement.com/dunamis-pockets/*. Acesso em outubro de 2024.

[14] Referência a Hebreus 11.1.

[15] Referência a Romanos 10.17.

CAPÍTULO 2

[1] A educação universal refere-se ao princípio de que todos os indivíduos, independentemente de sua origem, classe social ou qualquer outra condição, têm o direito de acessar uma educação de qualidade.

[2] *In*: PROENÇA, Wander de Lara. **O papel da leitura na Reforma Protestante**. Disponível em: *https://ftsa.edu.br/o-papel-da-leitura-na-reforma-protestante/*. Acesso em outubro de 2024.

[3] *In*: OLIVEIRA, Juliano Cordeiro da Costa. A ética protestante e o reencantamento do mundo na sociedade do trabalho: notas a partir de Max Weber. **Filosofia Unisinos**, v. 23, p. e23203, 2022.

[4] *In*: W. R. WARD, R. P. HEITZENRATER. *Journals and Diaries*, p. 249-250 (tradução e grifo nossos).

[5] GONZALEZ, Justo L. **Uma história ilustrada da igreja: a era dos dogmas e das dúvidas**. São Paulo: Vida Nova, 1990, p. 175.

[6] DA SILVA, Altair Germano. Os antecedentes históricos da educação teológica nas Assembleias de Deus no Brasil: de 1517 a 1979. Vox Faifae: **Revista de Teologia da Faculdade FASSEB**, v. 5, n. 3, 2013.

[7] "I look upon all the world as my parish". WESLEY, John. *In*: *Journal* (ed. N. Curnock), 11 de junho de 1739.

[8] A ideia de Perfeição Cristã, defendida por John Wesley, é um conceito central na teologia metodista, que propõe que os cristãos podem alcançar um estado de santidade e amor perfeito por meio da graça de Deus. Essa doutrina sugere que, após a conversão, é possível viver uma vida de obediência plena aos ensinamentos de Cristo, livre do pecado deliberado. *In*: 2RE Metodista. Doutrina da Santificação ou Perfeição Cristã. Disponível em: *http://2re.metodista.org.br/conteudo.xhtml?c=10153#:~:text=Jo%C3%A3o%20 Wesley%20entende%20por%20uma,de%20trope%C3%A7o%20 para%20os%20outros%22*. Acesso em outubro de 2024.

[9] 1 Coríntios 3.6.

CAPÍTULO 3

[1] *In*: CARSON, Clayborne (org.). **A autobiografia de Martin Luther King**. Rio de Janeiro: Zahar, 2014.

[2] Essa é uma referência ao famoso discurso de Martin Luther King, *I have a dream*, proferido em 28 de agosto de 1963, durante a Marcha sobre Washington, que se tornou um marco na luta por direitos civis nos Estados Unidos. *In*: KING, Marthin Luther. American Rethoric, s. d. "I Have a Dream" speech. Disponível em *https://www.americanrhetoric.com/speeches/mlkihaveadream.htm*. Acesso em setembro de 2024.

³ *In*: PARKS, Rosa; REED, Gregory, J. **Quiet strength:** the faith, the hope, and the heart of a woman who changed a nation. Grand Rapids: Zondervan, 2000.

⁴ Nos Estados Unidos, um condado é uma subdivisão administrativa dentro de um estado, equivalente a uma comarca em alguns países. Ele tem funções de governo local, como a administração de serviços públicos e a aplicação da lei, podendo incluir várias cidades ou vilarejos dentro de suas fronteiras. *In:* CONDADO. *In:* DICIONÁRIO Michaelis on-line. São Paulo, Melhoramentos,2024. Disponível em *https://michaelis.uol.com.br/palavra/nWow/condado/*. Acesso em outubro de 2024.

⁵ A Marcha sobre Washington foi um protesto pacífico por direitos civis, justiça racial e igualdade econômica, a qual reuniu mais de 250 mil pessoas em frente ao Lincoln Memorial e se tornou um marco na luta contra a segregação nos Estados Unidos. *In*: VAIANO, Maria Clara. **Marcha sobre Washington: relembre o evento de 1963 em cinco imagens.** Publicado por *Galileu* em 28/08/2023. Disponível em: *https://revistagalileu.globo.com/colunistas/quer-que-eu-desenhe/coluna/2023/08/marcha-para-washington-relembre-o-evento-de--1963-em-cinco-imagens.ghtml*. Acesso em outubro de 2024.

⁶ *In*: BUXTON, Barclay. **A recompensa da fé na vida de Barclay Fowell Buxton, 1860-1946**. Londres: Lutterworth, 1949.

⁷ Referência a 2 Coríntios 4.18.

⁸ *Op. cit.*

⁹ Referência a Atos 2.

¹⁰ *Op. cit.*

¹¹ A Church Missionary Society (CMS), estabelecida em 1799, é uma organização missionária de raízes anglicanas que continua a desempenhar um papel fundamental na expansão do cristianismo em diversas regiões do mundo. Originada em Londres, Reino

Unido, a CMS surgiu como uma resposta ao crescente movimento de evangelização iniciado no final do século XVIII, impulsionado pelo ardente desejo de propagar a mensagem de Cristo em locais onde o Evangelho permanecia desconhecido ou insuficientemente disseminado. *In*: CHURCH MISSIONARY SOCIETY. Church Missionary Society, s. d. About. Disponível em: *https://churchmissionsociety.org/about/*. Acesso em outubro de 2024.

[12] O xogunato foi um sistema de governo militar que dominou o Japão entre os séculos XII e XIX. O xogum, um comandante supremo, detinha o poder real, enquanto o imperador ocupava uma posição simbólica. Durante esse período, o Japão foi marcado por uma rígida estrutura feudal, isolamento e controle centralizado da classe guerreira dos samurais. O último xogunato, o Tokugawa, terminou em 1868, com a Restauração Meiji, que devolveu o poder ao imperador e modernizou o país. *In*: MASON, R. H. P.; CAIGER, J. G. **A history of Japan:** revised edition. 2. ed. Tokyo: Tuttle Publishing, 1997.

[13] *Ibidem.*

[14] Referência a Ezequiel 37.

[15] Referência a Mateus 24.35.

CAPÍTULO 4

[1] *In*: OLSON, Parmy. **Teenager sells his mobile startup to Yahoo! for $30 Million**. Publicado por *Forbes* em 25/03/2013. Disponível em: *https://www.forbes.com/sites/parmyolson/2013/03/05/interviewteenager-sells-his-mobile-startup-to-yahoo-for-30-million/*. Acesso em outubro de 2024.

[2] *In*: DIMOCK, Michael. **Defining generations: Where Millenials end and Generation Z begins**. Publicado por *Pew Reserch*

Center em 17/01/2019. Disponível em: *https://www.pewresearch. org/short-reads/2019/01/17/where-millennials-end-and-generation-z-begins/*. Acesso em outubro de 2024.

[3] A Organização para a Cooperação e Desenvolvimento Econômico (OCDE) é uma organização econômica intergovernamental com 38 países membros, fundada em 1961 para estimular o progresso econômico e o comércio mundial. *In*: BANCO CENTRAL DO BRASIL. BCB, s. d. Organização para Cooperação e Desenvolvimento Econômico (OCDE). Disponível em: *https://www.bcb. gov.br/acessoinformacao/ocde*. Acesso em outubro de 2024.

[4] Segundo o dicionário, "fraternidade, associação, comunidade, comunhão [...]". *KOINONIA* [2842]. *In*: DICIONÁRIO bíblico Strong. Barueri: Sociedade Bíblica do Brasil, 2002.

[5] Em uma pesquisa realizada pelo Institute for Business Value em parceria com a National Retail Federation, 66% dos entrevistados da Gen Z afirmou utilizar dois ou mais dispositivos ao mesmo tempo. *In*: **93% das compras são influenciadas pela geração Z.** Publicado por *Meio&Mensagem* em 20/01/2017. Disponível em: *https://www. meioemensagem.com.br/marketing/93-das-compras-das-familias-sao-influenciadas-por-jovens-da-geracao-z*. Acesso em outubro de 2024.

[6] *In*: CUPANI, Gabriela. **Jovens da geração Z têm sintomas de depressão mais cedo do que millenials.** Publicado por *Uol* em 19/09/2023. Disponível em: *https://www.uol.com.br/vivabem/noticias/ redacao/2023/09/19/jovens-da-geracao-z-tem-sintomas-de-depressao-mais-cedo-do-que-millenials.htm*. Acesso em outubro de 2024.

[7] A pesquisa entrevistou mais de oito mil jovens, de 13 a 19 anos, representando a Geração Z, e abrangendo mais de vinte países ao redor do globo. O objetivo foi compreender suas crenças, as lutas que enfrentam e as influências que os guiam em um mundo em constante transformação. *In*: GLOBAL YOUTH CULTURE. Global Youth Culture, s. d. Data explorer. Disponível em: *https://*

explore.globalyouthculture.net/global-youth-culture/questions/1. Acesso em outubro de 2024.

[8] Os adolescentes cristãos que não se enquadraram nessa definição de comprometimento foram classificados como "cristãos nominais"

[9] *In*: **Pesquisa sobre a geração Z revela que 40% dos adolescentes que se declararam cristãos nunca leram a Bíblia.** Publicado por *Editora Ultimato* em 09/01/2023. Disponível em: *https://www.ultimato.com.br/conteudo/pesquisa-sobre-a-geracao-z-revela-que-40-dos-adolescentes-que-se-declararam-cristaos-nunca-leram-a-biblia*. Acesso em outubro de 2024.

[10] *In*: KATZ-WISE, Sabra L. *et al*. Sociodemographic patterns in retrospective sexual orientation identity and attraction change in the sexual orientation fluidity in youth study. **Journal of Adolescent Health**, v. 73, n. 3, p. 437-443, 2023. Disponível em: *https://www.jahonline.org/article/S1054-139X(22)00714-5/abstract*. Acesso em outubro de 2024.

[11] Referência à Criação, em Gênesis 1.

[12] Referência a Ezequiel 37.10.

[13] Referência a Salmos 30.11.

[14] Referência à conversão de Paulo, em Atos 9.1-20.

[15] Referência a Romanos 5.1.

[16] *In*: The Center for Bible Engagement. CBE, s. d. The power of 4 research. Disponível em: *https://www.centerforbibleengagement.org/research*. Acesso em outubro de 2024.

[17] *In*: LAGO, Davi. **Brasil polifônico**: os evangélicos e as estruturas de poder. São Paulo: Mundo Cristão, 2018.

CAPÍTULO 5

[1] *In*: ZYLBERKAN, Mariana. **Evangélicos devem ultrapassar católicos no Brasil a partir de 2032**. Publicado por *Veja* em 04/02/2020. Disponível em: *http://veja.abril.com.br/brasil/evangelicos-devem-ultrapassar-catolicos-no-brasil-a-partir-de-2032*. Acesso em outubro de 2024.

[2] *In*: FAUSTO, Boris. **História do Brasil**. São Paulo: EDUSP, 2012.

[3] CANCIAN, Renato. **França Antártica**: para expulsar franceses, portugueses fundaram o Rio. Publicado por *Uol*. Disponível em: *https://educacao.uol.com.br/disciplinas/historia-brasil/franca-antartica-para-expulsar-franceses-portugueses-fundaram-o-rio.htm*. Acesso em outubro de 2024.

[4] A Noite de São Bartolomeu foi um massacre em massa de huguenotes em Paris, durante as Guerras de Religião na França. Organizado por membros da corte católica, o ataque resultou na morte de milhares de huguenotes e é considerado um dos eventos mais trágicos e violentos da história religiosa da França. *In*: VEIGA, Edison. **O que foi o Massacre de São Bartolomeu, ocorrido há 450 anos**. Publicado por *BBC News Brasil* em 23/08/2022. Disponível em: *https://www.bbc.com/portuguese/geral-62630277*. Acesso em outubro de 2024.

[5] *In*: MATOS, Alberto. **A origem histórica do Congregacionalismo no Brasil**. *[S.l.]*: Publicação independente, 2013.

[6] *In*: Igreja Presbiteriana do Brasil. IPB, s. d. Sobre a IPB. Disponível em: *https://www.ipb.org.br/sobre-a-ipb.php*. Acesso em outubro de 2024.

[7] *In*: MAGALHÃES, José Geraldo. **Histórico metodismo no Brasil**. Publicado por *Igreja Metodista – Portal Nacional* em 14/09/2013. Disponível em: *https://www.metodista.org.br/historico-metodismo-no-brasil*. Acesso em outubro de 2024.

[8] *In*: Convenção Batista Brasileira. CBB, s. d. Nossa história. Disponível em: *https://convencaobatista.com.br/site/pagina.php?-MEN_ID=24*. Acesso em outubro de 2024.

[9] *In*: VOVELLE, Michel. **A Revolução Francesa**: 1789-1799. Coimbra: Edições 70, 2007.

[10] *In*: JOHNSON, Paul. **História do Cristianismo**. Rio de Janeiro: Ed. Imago, 2001, p. 436-441.

[11] *In*: **O que é "woke" e por que termo gera batalha cultural e política nos EUA**. Publicado por *BBC News Brasil* em 13/08/2024. Disponível em: *https://www.bbc.com/portuguese/articles/cy4y82w737do*. Acesso em outubro de 2024.

[12] O pensamento aristotélico-tomista refere-se à síntese das filosofias de Aristóteles e de São Tomás de Aquino. Esta corrente filosófica enfatiza a razão e a observação como ferramentas essenciais para a compreensão do mundo, integrando aspectos da metafísica, ética e teologia. São Tomás utilizou as ideias de Aristóteles para desenvolver uma visão cristã da filosofia, defendendo a harmonia entre fé e razão. *In*: REALE, Giovanni; ANTISERI, Dario. **História da Filosofia**: volume I. *[S. l.]*: Paulus, 1990.

[13] *In*: Patteson, Callie. **AOC calls out Dems who won't say "Latinx" — despite backlash to term**. Publicado por *New York Post* em 06/06/2022. Disponível em: *https://nypost.com/2022/06/06/aoc-calls-out-dems-who-wont-say-latinx-despite-backlash/*. Acesso em outubro de 2024.

[14] *In*: **Marçal chama Boulos de "Boules", Toma advertência e perde 30 segundos**. Publicado por *Uol* em 29/09/2024. Dispovível em: *https://noticias.uol.com.br/eleicoes/2024/09/28/marcal-usa-apelido-contra-boulos-toma-advertencia-e-perde-30-segundos.htm*. Acesso em de 2024

[15] STAR Wars: Episódio IX. J. J. Abrams. California: Walt Disney Studios. Disney + (142 minutos).

[16] O INCRÍVEL Hulk. Loius Leterrier. New York: Universal Studios, 2008. Amazon Prime Video (112 minutos)

[17] SHE-Hulk. Jessica Gao. Estados Unidos: Marvel Studios, 2022. Disney + (1 temporada, 9 episódios).

[18] CINDERELLA. Kay Cannon. California: Amazon MGM Studios, 2021. Amazon Prime Video (113 minutos).

[19] *In*: **Relatório sobre o Futuro dos Empregos 2023**: espera-se que até um quarto dos empregos mude nos próximos cinco anos. Publicado por *World Economic Forum*. Disponível em: https://www3.weforum.org/docs/WEF_Future_of_Jobs_2023_News_Release_Pt_BR.pdf. Acesso em outubro de 2024.

[20] *In*: **U.S. teens take after their parents religiously, attend services together and enjoy family rituals**. Publicado por *Pew Research Center* em 10/09/2020. Disponível em: https://www.pewresearch.org/religion/2020/09/10/u-s-teens-take-after-their-parents-religiously-attend-services-together-and-enjoy-family-rituals/. Acesso em outubro de 2024.

[21] *In*: CARRANÇA, Thais. **Jovens "sem religião" superam católicos e evangélicos em SP e Rio**. Publicado por *BBC News Brasil* em 09/05/2022. Disponível em: https://www.bbc.com/portuguese/brasil-61329257. Acesso em outubro de 2024.

[22] O conceito de "*exvangelical*" foi cunhado pelo escritor e podcaster Blake Chastain, em 2016. *In*: CHASTAIN, Blake. **Exvangelical and beyond**: how american Christianity went radical and the movement that's fighting back. New York: TarcherPerigee, 2024.

[23] *In*: **Brasil tem mais de 4 milhões de "evangélicos não praticantes", segundo pesquisa**. Publicado por *Guiame* em 22/08/2017. Disponível em: https://guiame.com.br/gospel/mundo-cristao/brasil-tem-mais-de-4-milhoes-de-evangelicos-nao-praticantes-segundo-pesquisa.html. Acesso em outubro de 2024.

[24] *In*: CHO, Paul Yonggi. **Oração**: a chave do avivamento. Rio de Janeiro: Betânia, 2002.

[25] *In*: PANQUESTOR, Antonio Marcos. **O avivamento nas ilhas Fiji**. *[S. l.]*: Publicação independente, 2022.

[26] Referência a Apocalipse 4.8.

CAPÍTULO 6

[1] *In*: **Jardim Ângela supera título de bairro mais violento do mundo, mas convive com problemas**. Publicado por *CBN* em 31/08/2016. Disponível em: *https://cbn.globoradio.globo. com/grandescoberturas/seu-bairro-nossa-cidade-sp/2016/08/31/ JARDIM-ANGELA-SUPERA-TITULO-DE-BAIRRO-MAIS-VIOLENTO-DO-MUNDO-MAS-CONVIVE-COM-PROBLEMAS. htm*. Acesso em outubro de 2024.

[2] Referência a Provérbios 23.7.

[3] *METAMORFOO* [3339]. *In*: DICIONÁRIO bíblico Strong. Barueri: Sociedade Bíblica do Brasil, 2002.

[4] Referência a 2 Coríntios 3.13-18.

[5] Referência a Marcos 16.15-18.

[6] Referência a Lucas 24.49.

[7] Referência a Mateus 25.1-13.

[8] Referência a 2 Timóteo 1.6.

[9] Referência a 2 Reis 2.9.

[10] Referência a Efésios 6.10-12.

[11] *Le Joueur Généreux*, 1864. N. E.: apesar do registro, versões semelhantes da frase já estavam em circulação alguns anos antes.

[12] Referência a Efésios 6.13-17.

[13] Trata-se da palavra *enduo*. *ENDUO* [1746]. *In*: DICIONÁRIO bíblico Strong. Barueri: Sociedade bíblica do Brasil, 2002.

[14] Referência a João 8.44.

[15] Referência a Mateus 4.

[16] *PERIKEPHALAIA* [4030]. *In*: DICIONÁRIO bíblico Strong. Barueri: Sociedade bíblica do Brasil, 2002.

[17] *SOZO* [4982]. *In*: DICIONÁRIO bíblico Strong. Barueri: Sociedade Bíblica do Brasil, 2002.

[18] Referência a Marcos 5.25-34.

[19] Referência a Êxodo 15.26.

CAPÍTULO 7

[1] *In*: FREITAS, Neiriberto Silva de. **A história de William Colgate**: inventor do creme dental Colgate e sua história de fé. *[S. l.]*: Clube de autores, 2024.

[2] Referência a Gênesis 2.15.

[3] *In*: FREITAS, Neiriberto Silva de. *op. cit.*

[4] *In*: Company Market Cap. Company Market Cap, 2024. Market capitalization of Colgate-Palmolive (CL). Disponível em: *https://companiesmarketcap.com/colgate-palmolive/marketcap/*. Acesso em outubro de 2024.

⁵ *In*: Colgate. Colgate, s. d. Our commitment. Disponível em: *https://www.colgate.com.br/oral-health-education/our-commitment*. Acesso em outubro de 2024.

⁶ Referência a Colossenses 1.17 e Hebreus 1.3.

⁷ MOSS, Candida R.; BADEN, Joel, S. **Bible nation**: the United States of Hobby Lobby. New Jersey: Princeton University Press, 2017.

⁸ *In*: *ETHOS* [1485]. DICIONÁRIO bíblico Strong. Barueri: Sociedade Bíblica do Brasil, 2002.

⁹ Referência a Êxodo 14.13-16.

¹⁰ Referência a Mateus 22.37-40.

¹¹ Todas as histórias de Deltan Dallagnol aqui apresentadas foram narradas por ele durante uma entrevista online, realizada em 27 de setembro de 2024, com o propósito de conceber este livro.

¹² Referência a Daniel 6.3.

CAPÍTULO 8

¹ Marcos 10.46-52

² Referência a Atos 4.29.

³ Palavra grega que significa "[…] tempo fixo ou definido; tempo oportuno ou próprio; tempo certo; período limitado de tempo […]". *In*: *KAIROS* [2540]. *In*: DICIONÁRIO bíblico Strong. Barueri: Sociedade Bíblica do Brasil, 2002.

⁴ Palavra grega que significa "tempo, longo ou curto". *In*: *CHRONOS* [5550]. *Ibidem*.

[5] *In*: **William Wilberforce**. Publicado por *Encyclopaedia Britannica* e atualizado em 25/10/2024. Disponível em: *https://www.britannica.com/biography/William-Wilberforce*. Acesso em outubro de 2024.

[6] *Ibidem*.

CAPÍTULO 9

[1] *In*: SUYAMA, Yoshiki. 50 years of Tokaido Shinkansen history. **Japan Railway & Transport Review**, n. 64, p. 18-27, outubro de 2014. Disponível em: *https://www.ejrcf.or.jp/jrtr/jrtr64/pdf/18-27_web.pdf*. Acesso em outubro de 2024.

[2] *In*: SUGA, T. Mr. Hideo Shima (1901–1998). **Japan Railway & Transport Review**, n. 16, p. 59, junho de 1998. Disponível em: *https://www.ejrcf.or.jp/jrtr/jrtr16/pdf/ob59_obituary.pdf*. Acesso em outubro de 2024.

[3] Referência a Marcos 8.36

[4] *In*: **Heróis da fé**: Pandita Ramabai, evangelista e missionária dedicada às meninas indianas. Publicado por *Guiame* e atualizado em 15/06/2021. Disponível em: *https://guiame.com.br/gospel/mundo-cristao/herois-da-fe-pandita-ramabai-evangelista-e-missionaria-dedicada-meninas-indianas.html*. Acesso em outubro de 2024.

[5] *Ibidem*.

[6] *In*: PANDITA RAMABAI MUKTI MISSION. Prmm, 2019. Sharada Sadan Primary School. Disponível em: *https://www.prmm.org.in/projects/sharada-sadan-primary-school/*. Acesso em outubro de 2024.

[7] *In*: HADDAD, Mimi. Pandita Ramabai: mulheres e crianças no centro de sua luta por reformas na Índia. Publicado por Mãos dadas. Disponível em: *https://www.maosdadas.ong.br/*

pandita-ramabai-mulheres-e-criancas-no-centro-de-sua-luta-por-reformas-na-india/. Acesso em outubro de 2024.

[8] *In*: PANDITA RAMABAI MUKTI MISSION. Prmm, 2019. About the Mukti Mission. Disponível em: https://*www.prmm.org.in/about-mukti-mission/*. Acesso em outubro de 2024.

CONCLUSÃO

[1] Referência a Mateus 13.1-9.

[2] *In*: ALTMAN, Max. **Hoje na História**: 1859 - Charles Blondin faz história nos espetáculos acrobáticos. Publicado por Opera Mundi em 30/06/2013 e atualizado em 29/06/2017. Disponível em: *https://operamundi.uol.com.br/historia/hoje-na-historia-1859-charles-blondin-faz-historia-nos-espetaculos-acrobaticos/*. Acesso em outubro de 2024.

[3] *In*: TOGNINI, Enéas. **História dos Batistas Nacionais**. 2. ed. Brasília: Convenção Batista Nacional, 1993, p. 143- 144.

[4] *In*: **Morre aos 101 anos, em São Paulo (SP), o Rev. Enéas Tognini**. Publicado por *Guiame* em 09/09/2015. Disponível em: *https://guiame.com.br/gospel/mundo-cristao/morre-aos-101-anos-em-sao-paulo-sp-o-rev-eneas-tognini.html*. Acesso em outubro de 2024.

[5] *In*: Morre, aos 101 anos, o pastor Enéas Tognini. **Revista Ultimato**, ed. 357, novembro-dezembro 2015. Disponível em: *https://www.ultimato.com.br/revista/artigos/357/morre-aos-101-anos-o-pastor-eneas-tognini*. Acesso em outubro de 2024.

[6] *In*: INSTITUTO DE AÇÃO SOCIAL ENÉAS TOGNINI. Eneas Tognini. Sobre. Disponível em: *https://www.eneastognini.org/sobre/*. Acesso em outubro de 2024.

Este livro foi produzido em Adobe Garamond Pro 12pt e impresso
pela Gráfica Promove sobre papel Pólen Natural 70g para a
Editora Quatro Ventos em junho de 2025.